회계 상식으로 배우는
돈의 법칙

회계 상식으로 배우는

돈의 법칙

아마노 아쓰시 지음 | 김지낭 옮김

시그마북스
Sigma Books

회계 상식으로 배우는 돈의 법칙

발행일 2021년 2월 10일 초판 1쇄 발행
지은이 아마노 아쓰시
옮긴이 김지낭
발행인 강학경
발행처 시그마북스
마케팅 정제용
에디터 최윤정, 장민정, 최연정
디자인 김문배, 강경희

등록번호 제10-965호
주소 서울특별시 영등포구 양평로 22길 21 선유도코오롱디지털타워 A402호
전자우편 sigmabooks@spress.co.kr
홈페이지 http://www.sigmabooks.co.kr
전화 (02) 2062-5288~9
팩시밀리 (02) 323-4197
ISBN 979-11-91307-05-4(03320)

Original Japanese title: KAIKEI NO KAMISAMA GA OSHIETEKURETA OKANE NO RULE
Copyright ⓒ Atsushi Amano 2020
Original Japanese edition published by Nippon Jitsugyo Publishing Co., Ltd.
Korean translation rights arranged with Nippon Jitsugyo Publishing Co., Ltd.
through The English Agency (Japan) Ltd. and Eric Yang Agency, Inc

* **시그마북스**는 ㈜시그마프레스의 자매회사로 일반 단행본 전문 출판사입니다.

프롤로그

15세기 후반, 르네상스 시대.

이탈리아 상인들에게는 후에 인류 최고의 발명 중 하나라고 불리는 '회계의 지혜'가 있었다.

'회계의 아버지' 루카 파치올리의 손에 복식부기로 체계화된 그들의 지혜는, 상업 발전은 물론 주식회사의 탄생과 산업혁명을 이끈다.

시간이 흘러 21세기.

평범한 회사원이 현대에 나타난 루카 파치올리와 함께 '돈의 법칙'을 배우며 인생의 전환점을 맞게 되는데…….

차례

제1장

회계 리터러시요?
저 영업부인데요

회계의 아버지 루카 파치올리가 나타나다

나 : 시키는 일도 많은데 월급은 왜 이렇게 짜냐.

　나는 옆에 앉은 P 대리에게 한탄했다.

　오늘은 내가 소속한 영업 2팀의 회식이다. 나는 주로 기업을 상대로 영업 지원 시스템 소프트웨어와 하드웨어를 판매하고 있다.

　올해로 입사 5년 차, 나와 동기 P 대리는 반년 전에 나란히 대리로 승진했다. 말만 승진이지 연봉이 조금 올랐을 뿐인데 내 일하랴, 후배들 챙기랴 책임만 늘었다. 더구나 업무 개혁이라는 명목으로 회사에서 야근을 금지하는 바람에 잔업은 고스란히 퇴근 후의 몫이 되었다. 최저 수준은 아니라지만 노동시간을 따져 보자니 불만이 터져 나왔다.

K 과장 : 어머, 회계 리터러시[1)]가 있으면 그런 소리 못 할 텐데?

　뒤를 돌아보니 K 과장님이 앉아 있었다. 조금 전까지 다른 테이블에 있었는데 도대체 언제 오신 거지?

---

1) 리터러시(literacy)란 원래 '읽고 쓰는 능력'을 말하는데, 적절하게 이해, 해석, 분석, 표현하는 활용 능력이나 응용력을 뜻하는 폭넓은 개념으로 확대되었다.

K 과장: 경영학과 나왔고 회계 자격증도 있다며. 그런 걸 두고 무용지물이라고 하나?

직속 상사인 K 과장님은 최연소로 영업 2팀 과장이 된 능력자다. 솔직하고 시원시원해서 상사의 신임이 두터운데다 부하직원에게도 인기가 있다. 술만 들어가면 입이 험해진다는 점이 유일한 단점이랄까. 존경스럽지만 표적이 되면 골치 아픈 상대이기도 하다.

나: 회계 리터러시가 뭔데요?
K 과장: 회계 지식을 활용하거나 응용하는 능력이야. 일하는 데 회계 자격증이니 계정과목이 다 무슨 소용이겠어. 회계 지식을 활용할 줄 알아야지.
나: 회계 지식을 활용하는 능력이라…….

과장님 말대로 나는 경영학부를 졸업했고 회계학 수업도 들었다. 취업에 도움이 될까 싶어 회계 자격증[2]도 땄지만, 딱히 흥미가 없던 터라 영업부에 지원했고 희망했던 대로 영업부에 배치되었다.
지금껏 영업하면서 회계나 부기 지식이 필요한 적도 없었기에 전공이며 자격증 따위는 까맣게 잊고 있었다.

---

2) 대표적인 회계 관련 자격증에는 전산회계, 회계관리, FAT 등이 있다.

나 : 영업에서 회계 지식을 어떻게 활용하죠?

K 과장 : 대리까지 달았으니 그 정도는 스스로 생각해야지.

도대체 회계를 어떻게 활용하라는 걸까? 애초에 하나도 기억나지 않으니 처음부터 다시 공부라도 해야 하나?

K 과장 : 아무튼, 회계 리터러시가 있으면 '월급이 짜다'라는 말이 쉽게 안 나올 걸?

회계 리터러시, 회계 지식을 활용하는 능력이 대체 무슨 말이지? 몰래 스마트폰을 꺼내 검색해 봤지만 정확한 뜻은 찾지 못했다. 과장님의 독자적인 이론인 걸까?

과장님의 말이 신경 쓰이면서도 나는 2차로 노래방까지 갔다가 잔뜩 취해 막차를 타고 돌아왔다.

대학 진학과 동시에 자취를 시작한 나는 취직하고 나서도 줄곧 수도권에서 살고 있다. 반년 전, 대리로 승진하면서 대학교 때부터 사귀던 여자친구와 함께 살 생각에 조금 넓은 집으로 이사했지만, 얼마 지나지 않아 헤어졌다.

평소 직장과 집을 왕복하기만 할 뿐이니 새로운 만남을 기대하기도 어렵고 딱히 재미있는 일도 없다. 회사 일에는 열정이 식었고 이렇다할 취미도 없다. 적은 월급이 아닌데도 매달 빠듯하다. 막 서른 줄에 접어들었는데 인생 다 산 기분이 든다.

나: 회계 리터러시라……

나는 그렇게 중얼거리며 책장에서 먼지를 뒤집어쓴 회계학 교과서를 꺼냈다. 대학 부교재로 샀다가 내용이 어려워서 몇 장 넘긴 게 고작이지만, 꽤 비쌌던 기억이 떠올라 이사할 때도 결국 버리지 못했다.

침대에 누워 팔랑팔랑 책장을 넘겨보니 '회계의 역사'라는 첫 번째 장이 눈에 들어왔다. 현대 회계의 근간인 복식부기[3]는 르네상스 시대에 탄생했다고 한다. 당시 상인들이 쓰던 복식부기의 원리를 1494년 『산술집성』이라는 책으로 정리한 사람이 '회계의 아버지'라고 불리는 루카 파치올리[4]다.

나: 루카 파치올리는 시험에 나온다기에 벼락치기로 외웠지. 다시 봐도 참 웃긴 이름이라니까.

---

3) 원인과 결과라는 거래의 두 가지 측면을 각각 기록하는 방법.

4) 회계(학)의 아버지로 불리는 루카 파치올리(Fra Luca Bartolomeo de Pacioli, 1445~1517)는 이탈리아의 수학자이자 수도사다.

예전 일을 떠올리면서 몇 장 읽어 봤지만 '회계 책은 왜 이렇게 재미없을까?', '이런 지식이 정말 업무에 필요할까?' 하고 생각하다가 어느새 꾸벅꾸벅 잠이 들었다.

? : 이봐, 방금 뭐라고 했나?

어디선가 들리는 목소리가 나를 깨웠다.

나 : 뭐지, 꿈인가?
? : 누구더러 웃기다고 했느냔 말일세.

틀림없이 누군가가 있다.

나 : 헉! 당신 누구야?

누워 있던 침대 바로 옆, 손만 뻗으면 닿을 거리에 새까만 천을 두른 키가 큰 남자가 서서, 험상궂은 얼굴로 이쪽을 노려보고 있다. 설마 강도가 들었나?

나 : 이봐, 이, 이 집에 돈 될 만한 건 아무것도 없다고!

내가 떨리는 목소리로 외쳤다.

?: 당황하지 말게. 자네가 내 험담을 하기에 나와 봤을 뿐이야.

험담? 내가? 아니, 그보다도 신고가 먼저라는 데까지 생각이 미쳤지만, 스마트폰은 공교롭게도 이 수상한 남자의 바로 뒤에서 충전 중이다.

?: 자네, 방금 내 이름이 우습다면서 비웃지 않았는가.

대체 누구지? 말투는 또 왜 이래? 시대극이라도 찍나? 방 안에 처음 보는 낯선 남자와 단둘인, 아무리 생각해도 위험한 상황인데 묘한 말투 때문인지 긴장이 서서히 풀어졌다. 찬찬히 살펴보니 험상궂어 보이지만 어딘지 친숙하다. 나이는 쉰쯤 되었을까.

?: 이래 보여도 나는 수학자이자 수도사라네.
나: 수학자이자 수도사라면 서, 설마 루카 파치올리는 아니죠?
?: 그래. 내가 바로 파치올리일세.

회계 리터러시요? 저 영업부인데요

설마 농담이겠지. 웃긴 이름이라고 했던 말을 들었다면 내가 자기 전부터 이 방에 있었다는 뜻인데, 애초에 이게 말이 되는 소리인가?

나: 루카 파치올리는 르네상스 시대 사람인데 아직도 살아 있을 리가 없잖아요?

파치올리: 자잘한 건 신경 쓰지 말게나. 그보다 자네, 회계 리터러시가 없다는 소리를 들었다지?

나: 네? 그걸 어떻게 아셨죠?

이제 알겠다. 나는 지금 꿈을 꾸고 있다. 아무래도 K 과장님의 말씀이 마음에 걸렸나 보다.

파치올리: 자네 상사 말이 맞네. 자네의 일이며 인생이 잘 풀리지 않는 건 회계 리터러시가 없기 때문일세.

나: 도대체 회계 리터러시가 무슨 뜻이죠?

파치올리: K 과장이 말하지 않았는가. 회계 지식을 활용하거나 응용하는 능력이라고. 벌써 잊은 건 아닐 테지?

나: 잊을 리가 있겠습니까. 혹시 두 분 아는 사이신가요?

파치올리: 아는 사이는 아니라네. 단지 내가 뭐든 꿰뚫어 보고 있을 뿐이야.

꿈 치고는 너무 생생하다. 이참에 깨기 전까지 궁금한 걸 모두 물어봐야겠다.

나: 저는 영업부 소속인데요. 어째서 회계가 필요하다는 거죠?

파치올리가 목을 움츠리면서 어처구니없다는 듯 한숨을 쉬었다.

파치올리: 자네, 정말 아무것도 모르는군. 영업직뿐만 아니라 사회인이라면 누구나 회계 리터러시를 알아야 한다네.

사회인이라면 누구나 회계 리터러시를 알아야 한다니, 정말일까?
취업 준비할 때 어학 성적, 컴퓨터 활용 능력, 회계 자격증이 필수라는 말을 들은 적이 있다. 회계 자격증 역시 순전히 취업을 노리고 땄을 뿐이지만, 입사 후로 부기나 회계에 관한 지식을 사용할 기회는 없었고 공부한 내용도 서서히 머릿속에서 잊혀갔다.

파치올리: 더 자세히 말하자면 살아 있는 한 누구에게나 회계 리터러시가

꼭 필요하지.

나 : 일을 하지 않아도 회계 리터러시가 필요하다는 말인가요?

파치올리 : 당연하지. 돈 없이 살 수는 없으니까. 회계 리터러시가 없으면 평생 돈에 휘둘리면서 살게 된다네.

나 : 평생 돈에 휘둘린다고요?

생각만 해도 끔찍하다. 안 그래도 돈 때문에 전전긍긍하는데 평생 그렇게 살아야 한다니. 하지만 대학 때 배운 회계 지식이 돈에 휘둘리지 않는 삶과 무슨 관련이 있다는 걸까? 가계부를 쓰는 것도 지식을 활용한다고 할 수 있을까?

나 : 방금 하신 말씀은 가계부를 써서 돈을 관리해야 한다는 뜻인가요?

파치올리 : 아니, 가계부도 좋은 습관이지만 일부러 '회계 리터러시'라는 말을 쓸 정도는 아니지.

듣고 보니 그렇다. K 과장님도 그런 뜻으로 하신 말씀은 아닐 테지.

파치올리 : 한마디로 자네의 실적이나 인생이 시원찮은 이유가 다 회계 리터러시가 없어서라는 말일세.

나: 잠깐만요. 그래도 전 경영학 전공에다 나름 자격증도 땄다고요!

파치올리: 다 쓸모없다네. 회계 리터러시가 있다면 지금과는 정반대일 테니까.

나는 말문이 막혔다. 이 사람은 대체 나에 대해 어디까지 알고 있는 걸까?

파치올리: 회계 자격증 1급을 따고도 회계 리터러시가 없는 경우야 수두룩하니까. 자네도 이해하기 어렵겠지.

나: 회계 자격증 1급을 땄는데 회계 리터러시가 없다고요? 그게 무슨 말이죠?

파치올리: 자격시험에서 묻는 지식은 회계의 극히 일부에 불과하다네. 왜, 부기에 빠삭한데도 인생이 영 신통치 않은 녀석들이 있지 않은가.

경리부 소속인 동기 T 대리의 얼굴이 떠올랐다. 웬만한 세무회계 자격증을 섭렵한 그도 만사 순탄치만은 않다고 들었다. 하지만 의문은 풀리지 않았다.

나: 회계 리터러시가 어떻게 쓸모가 있다는 말씀인지 잘 이해가 가지 않는데요.

파치올리: 아직은 실감이 나지 않을 테지.

나: 그럼 저에게도 회계 리터러시를 알려 주시면 안 될까요?

꿈이든 현실이든 아무래도 좋다. 어쩌면 내 인생을 좋은 쪽으로 바꾸어 줄 힌트가 있을지도 모르니까.

파치올리: 흠. 자네 조금 전까지만 해도 내 이름을 우스개 거리 삼지 않았나.

나: 죄송합니다. 나쁜 뜻은 없었습니다.

나는 순순히 고개를 숙였다.

파치올리: 게다가 수업료가 꽤 비싸다네.

나: 네? 돈이 드나요?

파치올리: 그야 당연하지. 세상에 공짜가 어디 있겠는가.

도대체 얼마가 든다는 걸까? 몇 십만 원? 아니면 몇 백만 원?

나: 파치올리 선생님은 회계의 아버지라고 불리는 분이시니 그야 비싸겠지요. 솔직히 말씀드리면 그다지 돈에 여유가 없지만요.

파치올리: 뭐라고, 회계의 아버지? 자네 지금 회계의 아버지라고 했나?

그 말을 듣자마자 파치올리의 눈빛이 변했다. 입꼬리가 씩 하고 올라가는 게 입이 귀에 걸릴 듯하다.

나: 맞습니다. 회계학 교과서에 그렇게 쓰여 있거든요.
파치올리: 회계의 아버지라. 흠, 그거 듣기 좋군.

파치올리는 딱 봐도 기분이 좋아 보인다.

파치올리: 기왕 이렇게 된 김에 한 수 가르쳐 주겠네.
나: 정말이시죠? 감사합니다!

참 단순하고 알기 쉬운 스승을 만나 다행이지만, 결국 꿈이라고 생각하니 마냥 기뻐해도 될지 망설여진다.

파치올리: 회계 리터러시를 모르는 사람이 자네뿐만은 아닐세. 회계 또는 부기와 혼동하기 쉽고 말이야. 비즈니스에 회계 지식이 필요하다는 말을 들으면 다들 서둘러 부기 공부를 시작하지. 그런 식으로 부기를 공부하니까 회계 역시 재미없다고 생각하는 걸세.

파치올리의 말을 들으며 나는 고개를 끄덕였다.

파치올리: 부기를 공부해서 재무상태표(B/S)[5]나 손익계산서(P/L)[6]를 읽을 줄 알아도 관련 부서에서 일하지 않는 이상 얼마나 쓸모 있겠느냔 말일세.

나: 맞습니다. 그래서 K 과장님이 굳이 회계 리터러시라는 표현을 쓰신 이유가 궁금했어요.

파치올리: 그도 그럴 것이 애초에 회계 리터러시라는 말에 엄밀한 정의가 없다네.

나: 그런가요?

파치올리: 구글 선생이 뭐라던가?

르네상스 시대 사람이 어떻게 구글을 알고 있는지는 이제 놀랍지도 않다.

나: 기사를 몇 개 찾아서 읽어 봤는데 무슨 말인지 통 모르겠더라고요.

파치올리: 그렇겠지. 그럼 자네는 회계 리터러시가 구체적으로 뭐라고

---

5) Balance Sheet를 줄여 B/S라고 한다. 재무제표의 하나로 회사의 재정 상태를 나타낸다.
6) Profit and Loss Statement를 줄여 P/L이라고 한다. 재무제표의 하나로 회사의 경영 성적을 나타낸다.

생각하나?

오히려 내가 묻고 싶다는 표정을 짓자 파치올리의 눈썹이 치켜 올라갔다.

파치올리: 이보게, 먼저 스스로 생각해야 한다네. 생각해 보지도 않고 알려 주는 대로 듣기만 하면 내 것이 되지 않는다고.
나: 죄송합니다. 음, 회계 리터러시란 숫자로 생각하는 힘이 아닐까 싶은데요.
파치올리: 그것도 틀린 말은 아닐세. 숫자와 논리를 가지고 생각하는 힘은 회계 리터러시의 한 측면이라고 할 수 있지.

대리 승진에 앞서 논리적 사고[7] 연수에서 숫자와 논리로 생각하는 법을 배웠다. 그렇다면 논리적 사고가 바로 회계 리터러시라는 뜻일까?

파치올리: 비즈니스 현장에서는 당연히 숫자와 논리를 바탕으로 생각해야 하지. 그렇게 단순한 사실을 알려 주자고 회계의 아버지인 내가

---

7) logical thinking: 문제를 요소로 나누고 결론을 도출하는 사고법으로 현대인의 필수 역량 중 하나로 꼽힌다.

나타난 게 아닐세.

자신을 회계의 아버지라 부르다니, 그 수식어가 썩 마음에 들었나 보다.

파치올리: 더 근본적인 사실을 알려 줄 테니 잘 듣게나.

나는 자세를 고쳐 앉았다.

모든 돈에는 비용이 든다

파치올리: 회계 리터러시, 즉 회계 지식을 활용하거나 응용하는 능력의 기초부터 알려주겠네.

나: 잘 부탁드립니다.

파치올리: 먼저 모든 돈에는 비용이 든다, 이 사실을 기억해야 하네.

나: 모든 돈에는 비용이 든다, 즉 은행에서 돈을 빌리면 이자가 붙는다, 그런 뜻인가요?

그 정도는 나도 알고 있다. 그렇게 단순한 사실이 회계 리터러시의 기초라는 말인가?

파치올리 : 그뿐만이 아닐세. 자기자본[8]에도 비용이 들지.

자기자본이라. 나는 재무상태표를 떠올렸다.

세로 2열로 나누어진 표의 왼쪽(차변)에 '자산', 오른쪽(대변)에 '부채',
오른쪽 아래에 '자본'이 기재된다. 자산이란 현금, 상품, 건물 등이고
부채는 차입금 따위의 빚, 자산에서 부채를 뺀 것이 자본이며 순자산
혹은 자기자본이라고도 한다. 음, 그 정도는 기억이 난다.

재무상태표(B/S)의 기본 형식

B/S

	부채
자산	자본

---

8) 상환 의무가 없는 자본. 자기자본이란 '주주자본(자본금+자본잉여금+이익잉여금-자기주식)'에 '기타포괄손익누계액'을
더한 금액을 말하는데, 이 자기자본에 '주식매수선택권'과 '비지배지분' 등을 더한 것이 순자산이다.

파치올리 : 자네, 자기자본쯤은 알고 있겠지?

나 : 그러니까, 주주가 투자한 돈이죠?

파치올리 : 그렇다네. 주주가 투자한 돈이 자본금[9]과 자본잉여금[10]이지. 그때까지 벌어서 저축해 둔 금액이 이익잉여금[11]이고. 그 밖에도 자잘한 항목이 있지만 자본금, 자본잉여금, 이익잉여금이 자기자본이라고 생각해 두게나.

이제야 생각났다. 그런데 부채비용이라 하면 대표적으로 차입금의 이자가 있겠지만, 주주가 투자한 자기자본에 무슨 비용이 든단 말이지? 혹시 배당[12]을 말하는 걸까?

파치올리 : 이 자기자본에도 비용이 든다네.

나 : 배당을 말씀하시는 건가요?

파치올리 : 배당도 그 일부에 해당하지. 하지만 그뿐만이 아닐세.

배당 말고 또 있다고? 수업에서 배운 기억은 나는데 뭐였더라.

---

9) 주주가 투자한 금액을 '자본금', 자본 거래에서 발생하는 차익 적립금을 '자본준비금'이라고 한다.

10) 영업 활동과 직접 관계가 없는 주식 발행, 증자, 감자 등의 자본 거래에서 발생한 잉여금. 자본잉여금은 '자본준비금'과 '기타자본잉여금'으로 구성된다.

11) 회사가 이익 일부를 배당하지 않고 적립해 놓은 금액. 이익잉여금은 '이익준비금'과 '기타이익잉여금'으로 구성된다.

12) 회사의 이익 일부를 주주에게 지급하는 것. 1주당 ○원이라는 식으로 지급된다. 배당 금액은 주주총회에서 결정한다.

'자기자본'이란?

B/S

자기자본이란 자본금, 자본잉여금, 이익잉여금을 말한다

나: 아, 자본비용[13]이 있었죠. 생각났습니다.

나는 퍼뜩 떠오른 단어를 말했다. 이번엔 틀림없다.

파치올리: 정말 알고 있는 겐가? 그렇다면 자본비용의 정의를 설명해

보게나.

나: 어, 그러니까 그…….

---

13) 기업이 자본을 조달할 때 필요한 비용.

파치올리의 눈초리가 매섭다.

나: 자본비용이라는 말은 취직한 후로 한 번도 쓴 적이 없는 걸요.

파치올리: 그런 걸 두고 표면적인 이해라고 하는 걸세. 자본비용이라는 용어를 쓰지 않더라도 그 본질을 이해하고 있다면 얼마든지 자네 인생에서 활용했을 거란 말이지.

나: 죄송합니다.

나는 본질을 전혀 이해하지 않고 있었다. 그저 시험에 나오니까 외웠을 뿐이다.

파치올리: 사과할 필요 없네. 자네가 자본비용의 본질을 이해하고 있었다면 나를 만날 일도 없었을 테니까.

나: 자본비용을 이해하는 것만으로 제 인생이 달라진다는 말인가요?

파치올리: 당연하지. 그게 바로 산 지식이 아니겠는가.

나: 산 지식……. 저도 산 지식을 배우고 싶습니다.

파치올리: 좋은 자세군 그래. 여기서 잠깐 회계의 기본을 복습해 볼까. 먼저 재무상태표의 왼쪽이 자산, 오른쪽 위가 부채, 오른쪽 아래가 자본. 여기까지는 알고 있을 테지?

파치올리가 노트에 재무상태표를 그린 뒤 자산, 부채, 자본이라고 써넣었다.

나: 네, 기억하고 있습니다.

파치올리: 그리고 오른쪽의 부채와 자본이 돈을 어디에서 조달했는지를, 왼쪽의 자산이 그 돈의 상태를 나타내고 있지. 여기까지 이해했는가?

나: 잠깐만요. 제대로 이해하지 못한 것 같습니다.

파치올리: 솔직해서 좋군. 돈을 조달하는 방법에는 크게 두 가지가 있지. 첫 번째는 주주들에게 출자[14] 받는 방법, 두 번째는 은행 등에서 빌리는 방법이지.

나: 크게 그 두 가지로 나누어지겠군요.

파치올리: 주주들의 투자금은 자본, 은행에서 빌린 차입금은 부채에 기록되니까 재무상태표의 오른쪽을 보면 돈의 증가 원인을 알 수 있다네.

파치올리가 설명한 내용을 노트에 적어 넣었다.

파치올리: 그렇게 조달한 돈은 재무상태표의 왼쪽 자산에 기록되고,

---

14) 투자가가 현금 등의 재산을 제공하고 회사가 주식을 발행하는 것.

재무상태표는 무엇을 나타내고 있을까?

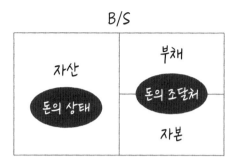

왼쪽=돈의 상태, 오른쪽=돈의 조달처

상품, 비품, 건물 등으로 형태를 바꾸지. 한마디로 재무상태표의 왼쪽은 돈의 상태, 오른쪽은 돈의 조달처를 나타낸다는 말일세.

나: 아, 기억났습니다.

파치올리: 부채비용(타인자본비용)은 알기 쉬울 걸세. 차입금으로 예를 들자면, 대표적으로 이자가 있지. 문제는 자기자본인데 말이야. 부채에는 이자나 상환 기일이 정해져 있지만, 자기자본은 이익이 생겼을 때만 배당하면 되고 상환 의무도 없으니까 자기자본비용을 의식하지 못하는 경우도 많다네.

파치올리가 부채와 자기자본의 비교표를 노트에 그리면서 설명을 계속했다.

파치올리: 가끔 젊은 벤처 사업가 중에 투자받은 돈을 자기 돈인 양 착각하는 사람도 있는데, 큰일 날 소리지. 투자를 받음과 동시에 회사의 소유권 일부를 나누어 준 셈이니까. 사장직에서 해임당하거나 회사가 통째로 넘어갈 수도 있다는 사실을 잊지 말아야 하네.

대주주는 **주주총회**[15]에서 사장을 해임할 만한 힘이 있다고 수업에서 들은 기억이 났다.

부채비용과 자기자본비용

B/S

자산 현금 상품 비품 건물	부채 은행 등의 차입금
	자본 주주들의 출자(자기자본)

차입금을 예로 들면 '지급이자'가 비용에 해당,
자기자본비용을 빠트리지 말자

---

15) 주식회사의 최고 의사 결정기관. 투표를 거쳐 다수결로 주식회사의 기본 방침이나 중요 사항을 결정한다. 필요 득표수는 결의 사항에 따라 다르다.

주주의 기대에 부응하려면?

파치올리: 회사가 도산했을 때 부채와 자기자본, 어느 쪽이 우선되는지 알고 있는가?

나: 아무래도 상환 의무가 있는 부채 아닐까요?

파치올리: 정답이네. 즉, 채권자와 비교해서 주주는 투자금을 돌려받지 못할 위험이 더 크지.

파치올리는 부채와 자기자본의 비교표에 방금 한 말을 적고 밑줄을 그었다.

부채와 자기자본은 무엇이 다를까? ①

부채	자기자본
지급이자 ○ 상환 의무 ○	지급이자 × 상환 의무 ×

자기자본에는 상환 의무가 없으므로, 채권자와 비교하면
주주는 투자금을 돌려받지 못할 위험이 더 크다

파치올리: 그 말은 즉, 적어도 채권자보다 많은 이익을 얻지 못한다면 아무도 투자하려 하지 않을 거란 뜻일세.

맞는 말이다. 손해를 볼 가능성이 크다면 그만큼 많은 수익을 기대할 수 있어야만 수지가 맞을 테니까.

파치올리: 상환 의무도 없고 이익이 발생했을 때만 배당하면 되니까 자기자본비용이 부채비용보다 적을 거로 생각한다면 큰 오산일세.

나: 저도 그렇게 생각합니다. 그런데 자기자본비용은 구체적으로 얼마인가요?

부채와 자기자본은 무엇이 다를까? ②

부채	자기자본
지급이자 ○ 상환 의무 ○ 우선해서 상환	지급이자 × 상환 의무 × 재산이 남을 시 상환

채권자보다 많은 이익을 얻지 못한다면 주주는 투자하지 않는다

파치올리: 자기자본비용은 보통 CAPM[16]이라는 모델로 구하는데 굳이 이해할 필요는 없다네. 다만 자기자본비용이 부채비용보다 높다는 사실만은 기억해 두게나. 그리고 부채비용과 자기자본비용을 가중 평균한 WACC[17]라는 계산법도 있지만, 이쪽도 굳이 알 필요는 없다네.

자본비용 이상으로 돈을 벌어야 하는 책임

파치올리: 여기서 중요한 점은 조달한 돈에 자본비용이라는 비용이 포함되어 있다는 사실, 그 자본비용 이상으로 돈을 벌어야 한다는 책임에 대한 자각이지. 책임을 다하지 못하면 어떻게 될지 생각해 보게나. 차입금을 갚지 못하거나 주주의 기대에 부응하지 못해서 주가가 하락할 테고, 최악에는 회사의 존속마저 위태로워지겠지. 그러니 자본비용을 둘러싼 책임의 이해가 모든 것의 출발이라고 하는 걸세.

나: 잘 알겠습니다.

파치올리: 아니, 진정한 의미는 아직 모를 거야. 자네가 매달 받는 월급, 그 월급에도 비용이 든다는 사실을 알고 있는가?

---

16) 자본자산가격결정모형(Capital Asset Pricing Model)의 약자로, 시장 변동에 대한 개별 주식의 위험도를 나타내는 베타계수를 이용해 투자가의 기대수익률을 알아보는 모형이다.

17) 가중평균자본비용(Weighted Average Cost of Capital)의 약자로, 자본비용은 보통 WACC로 구한다.

나: 글쎄요, 잘⋯⋯.

　나는 말문이 막혔다. 월급에도 비용이 든다고는 한 번도 생각해 본 적이 없었다.

파치올리: 월급뿐만이 아닐세. 4대 보험료, 인재 육성을 위한 교육훈련비, 업무에 쓰는 컴퓨터, 책상, 사무실 임차료, 수도광열비, 영업 지원에 필요한 각종 인건비⋯⋯, 그 모든 것에 비용이 들지.

나: 그렇군요. 전혀 생각지도 못했습니다.

파치올리: 예를 들어, 자네가 회사에서 쓰는 컴퓨터가 200만 원이고

자본비용이 10%라면?

차입금의 자본비용이 10%(20만 원)라면,
220만 원 이상의 가치를 창출해야 한다

자본비용이 10%라고 가정해 보겠네. 이 경우, 200만 원과 그 200만 원을 조달하기 위해 든 자본비용 20만 원을 합한 220만 원 이상의 돈을 그 컴퓨터를 통해 벌어야 한다는 뜻일세.

듣고 보니 평소에 아무 생각 없이 쓰던 컴퓨터나 책상도 모두 회사가 번 돈으로 산 비품이다. 즉, 비품 구매에 지출한 비용 이상의 돈을 벌어야 한다는 말이다. 이 당연한 사실을 지금껏 의식한 적이 없었다.

파치올리 : 한쪽 측면에서만 보면 간과하기 쉬운 부분일세.

나 : 한쪽 측면이요?

파치올리 : 자네도 알다시피 회사의 비품[18]은 자산에 계상되지. 하지만 그 비품을 단순히 자산으로만 봐서는 안 된다는 말일세.

나 : 비품에 자산 말고 다른 면이 있다는 말인가요?

파치올리 : 그렇다네. 회사에 비품을 들여왔다면 구매 자금을 어떠한 형태로든 조달했을 테지. 비품을 봤을 때 비품값과 자본비용 이상의 돈을 벌어야 한다고 보는 시점이 필요하다는 말일세.

나 : 그렇게 볼 수도 있겠군요.

파치올리 : 즉, 자산에 계상된 금액은 어떤 것이든 최소한 그 이상의 돈을 만들

---

18) 컴퓨터나 책상 등은 자산에 비품으로 계상한다 단, 회사의 규모나 비품 금액에 따라 손익계산서에서 소모품비로 처리하기도 한다.

어 낸다는 뜻이기도 하지.

비품에 그런 뜻이 담겨 있다니. 나는 정말 중요한 시점을 놓치고 있었다.

회계의 아름다움을 느껴 보자

파치올리: 회계의 특징은 대상을 다양한 측면에서 바라본다는 점이지. 원인과 결과라는 거래의 두 가지 측면을 동시에 기록[19]하니까 복식부기라고 부르는 거라네.

나: 그렇군요! 그 사실은 몰랐습니다.

파치올리: 대상을 여러 각도로 보는 시점이 회계의 묘미라고 할까, 회계의 아름다움이지.

파치올리가 득의양양하게 말했다.

나: 선생님 덕분에 회계의 아름다움을 엿본 듯합니다.

---

19) 가계부처럼 단순히 돈의 증감에만 주목해 기록하는 방식을 단식부기라고 한다. 복식부기 이론을 처음으로 체계화한 인물이 루카 파치올리다.

파치올리 : 그래, 이렇게 아름다운 체계가 또 어디 있겠나. 그런데도 회계가 재미없고 딱딱한 학문이라 생각하는 이들이 많아 안타까울 따름이야. 내가 이 자리에 온 이유 중 하나가 회계의 아름다움과 심오함을 알려 주기 위해서라네.

아하, 그런 사명이 있었다니, 과연 회계의 아버지라 불릴 만하다.

파치올리 : 자네, 나를 다시 봤겠지. 과연 회계의 아버지라고 생각했을 거야.

나 : 네, 뭐……

입 밖으로 꺼내지 않으면 좋았을 테지만 덕분에 파치올리가 친근하게 느껴졌다.

파치올리 : 다시 한번 말하지만, 모든 돈에는 비용이 들기 때문에 자본비용 이상으로 돈을 벌어야 한다네. 자네에게 그 책임이 있다는 사실을 잊지 말게나.

나 : 자본비용 이상으로 돈을 벌어야 하는 책임이 바로 회계 리터러시인 거군요.

파치올리 : 가장 기본이지. 그걸 모르면 아무리 회계 원리를 배우고 계

정과목을 외워도 일과 인생에서 활용할 수 없으니까 말일세.

자본비용 이상으로 돈을 벌어야 한다는 책임은 회계학 수업에서도 듣지 못한 내용이다.

'복식부기'란?

(거래) 비품 구매 100만 원

(원인) 비품 구매 100만 원
(결과) 현금 100만 원 감소

비품 100 / 현금 100

현금 ▲100 비품 +100	
※▲은 차감을 뜻한다	

원인과 결과라는 거래의 두 가지 측면을 동시에 기록하므로
복식부기라 부른다

파치올리: 자네, 오늘 월급이 짜다고 한숨 쉬었다지? 영업에서 이만큼 벌어다 주고 있으니까 더 받을 만하다고 말이야.

나: 네. 하지만 모든 돈에 비용이 든다고 생각하니 달리 보이네요.

파치올리: 아까도 말했지만 자네 한 사람에게는 월급뿐만 아니라 4대 보험료, 비품, 사무실 임차료, 수도광열비, 채용비, 교육훈련비, 각종 인건비를 비롯한 다양한 비용이 든다네. 그 모든 비용을 지출하기 위해 회사가 조달한 돈에도 마찬가지. 그러니까 그 자본비용 이상으로 자네가 돈을 벌어야 할 책임이 있다는 말일세.

나: 그 사실을 오늘 처음 깨달았습니다. 그래서 과장님이 저에게 회계 리터러시가 없다고 말씀하신 거군요.

파치올리: 그렇지. 책임을 자각했다면 돈의 흐름과 함께 어떻게 돈을 불릴 것인가를 생각하게 될 걸세. 이러한 사고법이 바로 회계 리터러시라네.

과연, 그런 시점을 가지면 일을 대하는 자세도 달라지겠군.

나: 자연히 업무 효율도 좋아지겠네요.

파치올리: 바로 그거야. 단순한 나열처럼 느껴졌던 재무제표의 숫자가 생생하게 눈에 들어올 테고, 업무에 임하는 자세나 성과는 물론 돈 쓰는 방식이나 돈 버는 방법까지 바뀌지. 그러니까 회계 리터러시를

익히면 내 일과 인생이 바뀐다고 하는 걸세.

인생이 바뀐다고? 일은 당연히 바뀌겠지만, 회계 리터러시가 인생에까지 영향을 미친다는 말인가?

나: 회계 리터러시를 익히면 일뿐만 아니라 인생도 바뀐다고요?

파치올리: 당연하지. 지금 자네가 돈에 쪼들리고 있는 건 회계 리터러시가 없기 때문이라네. 회계 지식이 있어도 그 지식을 인생에서 활용하지 못하고 있다는 뜻이지.

나: 맞습니다. 정말 뼈듯해요. 이런 상황도 회계 리터러시를 익히는 것만으로 해결될까요?

파치올리: 차차 설명해 주겠네.

나: 감사합니다!

파치올리: 자, 정리하자면 회계 리터러시란,

① 모든 돈에는 비용이 든다는 사실을 의식하는 것

② 자본비용 이상으로 돈을 벌어야 할 책임을 자각하는 것

③ 레버리지를 활용하는 것

④ 돈의 흐름을 이미지화하는 것

⑤ 돈을 불리기 위한 손익구조를 이해하는 것

이렇게 다섯 가지일세. ③, ④, ⑤번은 나중에 알려줌세.

나는 파치올리의 말을 노트에 받아 적었다.

파치올리: 오늘은 이쯤 하지. 시간도 늦었으니 이만 자야겠군.

문득 시계를 보니 벌써 새벽 3시가 지났다.

파치올리: 그럼 나는 자겠네.

그렇게 말하고는 파치올리가 내 침대에 누워 자기 시작했다.

나: 저, 거기는…….

파치올리: 그럼 손님인 내가 소파에서 자라는 말인가? 나는 여기서 자겠네.

파치올리는 눕자마자 코를 골기 시작했다. 이건 정말 꿈인가, 생시인가? 귀중한 지식을 배웠으니 어느 쪽이든 상관없지만 정말 꿈이라면 다음 내용은 배우지 못하는 게 아닐까?

이런저런 복잡한 생각에 뒤척이던 나도 담요를 덮고 소파에서 잠이 들었다.

1장 포인트

최근 금융 리터러시, 미디어 리터러시와 같이 '○○리터러시'라는 용어가 '관련 지식을 이해하고 활용, 응용하는 능력'이라는 뜻으로 종종 쓰입니다.

이 책에서는 회계 리터러시를 '회계 지식을 일과 인생에서 활용하는 능력'으로 정의합니다.

그중에서도 특히 모든 돈에는 비용이 포함되어 있다는 인식이 중요하지요.

급여, 4대 보험료, 업무에 쓰는 컴퓨터, 책상, 사무실, 교육훈련비는 물론, 인재를 모집하기 위한 회사 설명회나 면접에 필요한 채용비 등 사원 한 명만 놓고 봐도 실로 다양한 비용이 듭니다.

그 비용은 전부 회사가 어디에선가 조달했거나 혹은 매출로 벌어들인 돈에서 지출하는데, 지출된 돈에도 역시 비용이 포함됩니다.

다시 말해 업무에 쓰이는 자산과 그에 관련된 자본비용 이상으로 돈을 벌어야만 회사가 성립된다는 뜻이기도 합니다.

이 점은 경영자의 입장에 서지 않으면 좀처럼 실감하기 어렵습니다.

임기만 채우기 바쁜 경영자라면 실감하지 못하겠지요. 하물며 매달 꼬박꼬박 월급을 받는 직장인 중에서 이와 같은 생각을 하는 사람이 몇이나 될까요.

하지만 회계 리터러시를 익히면 업무의 질은 물론 인생이 바뀐다고 단언합니다.

참고로 이 책에서는 사고방식, 본질 전달이 목적이므로 자세한 설명은 생략합니다. 예를 들어, 주주자본, 자기자본, 순자산은 엄밀히 따지면 완벽히 같은 개념이 아닙니다. 회계의 정확한 기본지식에 관해서는 전작 『유쾌한 회계상식』을 참고하시기 바랍니다.

1장 정리 노트

회계 리터러시란,

① 모든 돈에는 비용이 든다는 사실을 의식하는 것

② 자본비용 이상으로 돈을 벌어야 할 책임을 자각하는 것

③ 레버리지를 활용하는 것

④ 돈의 흐름을 이미지화하는 것

⑤ 돈을 불리기 위한 손익구조를 이해하는 것

회계 리터러시를 익히면 내 일은 물론 인생도 바뀐다!

제 2 장

돈을 불리는
복리의 마법

돈에 든 비용을 의식하라

젠장, 지각이다!

서둘러 일어나 보니 파치올리의 모습은 온데간데없었다. 역시 꿈이 었나 보다. 참 생생한 꿈도 다 있군.

그렇게 혼자 중얼거리고 있는데 책상에 남겨진 메모가 눈에 들어 왔다.

회계 리터러시란,

① 모든 돈에는 비용이 든다는 사실을 의식하는 것

② 자본비용 이상으로 돈을 벌어야 할 책임을 자각하는 것

③ 레버리지를 활용하는 것

④ 돈의 흐름을 이미지화하는 것

⑤ 돈을 불리기 위한 손익구조를 이해하는 것

이게 뭐지? 졸면서 썼나? 설마 어젯밤의 일은 꿈이 아니라 현실이었 을까?

아무튼, 이러고 있을 때가 아니지. 서두르지 않으면 지각이다. 나는

노트를 가방에 넣고 부랴부랴 집을 나섰다.

딱 맞추어 지하철이 도착한 덕분에 아슬아슬하게나마 지각을 면했다. 자리에 앉은 나는 언제나처럼 컴퓨터의 전원을 눌렀다.

나: 모든 돈에는 비용이 든다고 했지.

나는 주위를 찬찬히 둘러봤다. 내가 일하는 사무실, 눈앞에 놓인 컴퓨터, 책상, 의자, 노트까지 전부 회사가 번 돈으로 사거나 빌린 것이고, 그 돈에도 비용이 든다고 생각하니 새삼스럽다. 어쩌면 당연한 사실인데도 왜 지금껏 의식하지 못했을까.

그러다 문득 K 과장님과 눈이 마주쳤다. 당황스럽지만 지금 시선을 피했다가는 수상하기 짝이 없겠지. 잠시 망설이던 나는 큰맘 먹고 과장님의 책상으로 향했다.

나: 과장님, 좋은 아침입니다. 어제는 잘 들어가셨나요?
K 과장: 늦게까지 마셨다면서?

그렇다. 깜빡 잊고 있었지만, 어젯밤 나는 막차 시간이 다 되도록 노래방에 남아 있었다.

나: 저, 어제 과장님께 회계 리터러시라는 말을 듣고 깨달은 점이 있습니다.

파치올리와의 만남이 꿈인지 현실인지는 모르겠지만 아무튼 내가 배운 내용을 공유하고 싶어졌다.

나: 저에게는 돈에도 비용이 든다는 발상이 없었습니다. 어제는 월급이 짜다면서 불평했지만, 월급뿐만 아니라 정말 다양한 곳에 돈이 들고 또 그 돈에도 비용이 든다는 사실을 알게 되니까, 지금 영업성적으로는 턱없이 부족하겠더라고요.

K 과장: 대단한데! 좋은 사실을 깨달았네.

뜻밖의 칭찬에 나는 동요했다. 과장님께 칭찬을 들은 적은 처음이다.

나: 모든 곳에 비용이 든다는 생각으로 사무실을 둘러보니까 자잘한 비품들까지 다시 보이는 것 같습니다.

K 과장: 맞아. 그런 의식을 가지고 일하는 사람과 아닌 사람은 천지 차이지.

나: 지당하신 말씀입니다.

K 과장: 어머, 벌써 시간이 이렇게 됐네. 부장님이 부르셔서 이만 가 볼

게. 그럼 수고해.

나: 네!

나는 들뜬 기분으로 업무 준비를 시작했다.

늘 하는 일이지만 이렇게 준비하는 시간에도 돈과 비용이 든다고 생각하니 어떻게 하면 조금 더 시간을 효율적으로 쓸 수 있을까 고민하게 되었다.

영업 상담에서도 평소보다 의욕이 넘쳤다. 확실히 업무에 대한 의식이 바뀌었음을 실감했다.

포인트 2배에 감추어진 악마의 상술

퇴근하고 집으로 돌아가 우편함을 열어 보니 신용카드 명세서가 들어 있었다. 모처럼 좋았던 기분이 축 가라앉는다. 리볼빙 잔액은 도대체 언제 줄어들려나.

대리로 승진하면서 연봉이 오른 기념으로 500만 원짜리 브랜드 시계를 리볼빙으로 샀다. 벌써 반년 전 일인데 잔액은 줄어들 기미가 보이지 않는다. 도대체 언제까지 갚아야 하는 걸까.

방으로 들어가 보니 아무도 없다. 역시 어제 일은 꿈이었나 보다.

나: 아, 너무 무리했나.

한숨을 쉬면서 책상 위에 명세서를 던져 놓고 침대 위에 드러누워 손목시계를 빤히 들여다봤다.

파치올리: 자네, 리볼빙으로 물건을 사다니 정말 회계 리터러시가 눈곱만치도 없었나 보군.

나: 어?

뒤를 돌아보니 파치올리가 책상에 앉아 어이가 없다는 표정으로 차를 마시고 있다. 도대체 언제 나타난 거지? 그렇다면 어제 일은 정말 꿈이 아니었단 말인가?

나: 파치올리 선생님. 어떻게 들어오신 거죠?

파치올리: 그런 자잘한 데 신경 쓰지 말라니까.

아무래도 신경이 쓰이지만, 어쨌든 파치올리와 다시 만나 기쁘다.

파치올리: 그것보다 자네, 어제 알려준 회계 리터러시의 관점에서 리볼빙에 대해 생각해 보게나.

나: 모든 돈에는 비용이 들고 자본비용 이상으로 돈을 벌어야 하는 책임이 있다고 하셨죠. 그런데 회사에만 해당하는 내용이 아닌가요?

파치올리: 어제도 말했다시피, 회계 리터러시는 사는 데 꼭 필요하다네. 자네의 재무상태표와 손익계산서에 대입해서 생각해 보게나.

나한테 무슨 재무상태표와 손익계산서가 있다는 말이지?

나: 모든 돈에는 비용이 드니까 리볼빙 이자가 시계값을 대기 위한 비용이겠군요.

파치올리: 그렇지. 리볼빙 이자가 얼마인가?

나는 명세서를 펼쳐 봤다. 15.0%라 쓰여 있다. 이렇게 높을 줄은 꿈에도 몰랐다.

나: 15%입니다.

파치올리: 15%라. 사채나 마찬가지군 그래. 리볼빙은 그야말로 악마의 상술이지.

나: 악마의 상술……. 하지만 리볼빙 서비스를 이용하면 포인트 적립이 2배가 되거든요. 쌓인 포인트로 상품권을 받을 수도 있고요.

파치올리: 멍청하긴. 포인트 따위에 현혹되어선 안 되네. 후한 포인트를 웃돌

만큼 이자가 높다는 뜻이니까.

그렇구나. 엄청난 이자를 내고 있는데 포인트로 교환하는 상품권이 다 무슨 소용일까.

나: 그러니까 아무리 갚아도 원금이 줄지 않았던 거군요.

파치올리: 일단 15%라는 고금리보다 훨씬 많은 돈을 만들어야 하네. 그게 회계 리터러시의 기본이니까.

나: 네…….

나는 고개를 푹 숙였다. 15%의 고금리 이상으로 돈을 불리지 않으면 점점 마이너스가 된다.

파치올리: 개인은 회사가 아니니까 항상 돈 벌 궁리만 할 필요는 없지. 취미나 여가에 돈을 쓴다 해서 누가 뭐라 하지도 않고.

나: 실은 보자마자 반한 시계였거든요. 조금 더 저렴한 쪽을 살까 망설였지만, 직원이 권유하기도 했고 리볼빙이면 제 월급으로 갚을 수 있겠다 싶었습니다.

파치올리: 그야 돈을 어디에 쓰든 개인의 자유지. 하지만 그때도 회계 리터러시를 알고 있었다면 리볼빙으로 그 시계를 샀겠는가?

시계를 재무상태표에 대입해 보면?

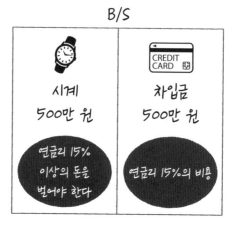

'시계 가격 + 연금리 15%' 이상의 돈을 벌어야 한다

그 말을 들으니 할 말이 없었다. 부채라는 기본적인 개념은 물론 리볼빙을 이용하면 상당히 비싼 비용을 부담해야 하고, 물건을 사느라 고금리로 조달한 비용보다 많은 돈을 창출해야 한다는 사실도 몰랐으니까.

파치올리: 혹시 시계를 사고 난 다음에 여자친구와 헤어지지 않았나?
나: 헉, 어떻게 아셨어요?
파치올리: 척하면 척이지. 리볼빙으로 비싼 시계를 사는 자네와 어떻게 미래를 그리겠는가. 직접 말하지는 않았겠지만.

어쩐지 시계를 사고 난 후로 여자친구의 태도가 조금씩 차가워지더니 특별한 이유도 없이 먼저 이별을 통보해 왔다. 설마 회계 리터러시가 원인이었다니.

나의 B/S와 P/L을 만들어 보자

파치올리: 자네 지금 부채가 얼마나 되는지도 모를 테지.

나: 맞습니다.

파치올리: '나의 B/S(재무상태표)와 P/L(손익계산서)'을 만들어서 자산과 부채가 얼마큼인지 알아 두게나. 두 눈을 믿기 힘들 걸세.

파치올리의 말대로 나는 자신의 재정 상태를 전혀 모르고 있었다. 그러니 회계 리터러시가 없다는 말을 들을 수밖에.

파치올리: 먼저 아는 선에서 B/S와 P/L을 그려 보겠나?

나: 지금 당장이요?

파치올리: 당연하지. 나중에 하라고 하면 미룰 게 뻔하지 않은가. 성공한 사람이란 지금 당장 하는 사람일세. 보통 배운 것을 곧바로 실천하는 사람이 10% 정도라고들 하지. 꾸준히 실천하는 사람은 그중에서

10%, 그러니까 전체의 1%도 채 안 된다는 말일세.

그렇다면 귀찮긴 하지만 지금 당장 해 보자.

파치올리: B/S의 자산부터 시작하지. 현금과 예금은 얼마나 되나?

나: 현금과 예금이요? 음…….

파치올리: 지갑에는 얼마나 들어 있는지도 확인하게나.

나: 잠시만요.

나는 지갑 속에 든 현금을 세어 봤다.

나: 3만 7,310원이네요.

파치올리: 명색이 사회인이니까 현금을 안 쓰는 추세라곤 해도 10만 원쯤은 넣어 두게.

나: 알겠습니다.

파치올리: 은행 쪽은 어떤가?

나는 스마트폰으로 예금 잔액을 확인했다.

나: 123만 6,960원입니다.

파치올리 : 그럼 둘을 더해서 B/S에 적어 두게.

　나는 계산기를 두드려 127만 4,270원이라고 노트에 적었다. 현금과 예금이 얼마나 있는지 계산해 본 적은 아마 처음일지도 모른다.

예금은 얼마나 있어야 할까?

나 : 저, 기본적인 질문이지만 예금[1]은 얼마나 있어야 하나요?

파치올리 : 예금 말인가? 요즘 금리가 너무 낮아서 문제이긴 하지만, 2개월 치에서 3개월 치 수입 정도 있으면 좋겠지.

나 : 2~3개월 치라면 한참 모자라네요.

파치올리 : 그러니 수입의 최저 10%를 저축해야지. 월급날 자동으로 다른 계좌에 빠지도록 설정하고 무슨 일이 있어도 손을 대지 말아야 한다네.

나 : 무슨 일이 있어도 손을 대지 말아라⋯⋯.

파치올리 : 돈이 남았을 때 저축하겠다거나 사고 싶은 물건이 있을 때마다 예금에 손을 대면 돈이 모일 턱이 있나. 강제로라도 빼서 없는 돈 취급해야지.

---

1) 은행 등의 금융기관에 돈을 맡기는 것. 크게 자유입출금식과 정기예금으로 나뉜다.

안 그래도 빠듯한데 10%나 저축하고 없는 돈 취급했다가 더 쪼들리지 않을까?

나: 맞는 말씀이지만 10%나 저축하면 아무래도 돈이 모자랄 것 같은데요.

파치올리: 그렇게 생각하겠지. 믿기 어렵겠지만 일단 10%를 저축하고 그 돈을 쓰지 않겠다고 마음먹으면 낭비가 줄든 수입이 늘든 해서 희한하게도 계산이 맞는다네. 속는 셈 치고 한번 해 보게나.

정말일까? 어쩐지 미심쩍기는 하지만 파치올리의 말에는 묘한 설득력이 있다.

파치올리: 상여금이나 임시 수입도 적당히 쓰고 절반은 저축하게나.

나: 그렇게 하겠습니다.

상여금의 절반을 저축한다는 생각은 해본 적이 없었다. 그래서 이제껏 돈에 휘둘렸던 걸까?

파치올리: 예금은 3개월 치 수입 정도면 충분하다네. 안심을 얻기 위한 예금이니까. 돈 걱정은 환상에 불과하지만 돈에서 쉽게 자유롭기는 어

렵지. 3개월 치 정도만큼만 예금이 있으면 불안함이 조금은 덜어질 걸세.

나: 3개월 치가 모이면 다음엔 뭘 해야 하나요?

파치올리: 예금보다 금리가 좋은 곳에 투자해서 돈을 불려 나가야지. 예금만 해서는 돈이 늘어나지 않으니까. 지금 1,000만 원을 은행에 맡기면 이자가 얼마나 될 것 같은가?

나: 아마 상당히 적겠죠?

얼마 전에 1%도 안 된다는 뉴스를 들었던 기억이 난다. 1,000만 원의 1%라면 10만 원?

나: 10만 원 정도 될까요?

파치올리: 그렇다네. 1,000만 원을 맡겨도 세금까지 다 빼고 나면 10만 원도 안 되겠지.

나: 어쩐지 좀 슬픈데요.

파치올리: 돈은 활용해야 한다네. 묶어 두지 말고 활용해야 불어나는 법이지.

나: 돈은 활용해야 한다…….

파치올리: 돈은 활용하기 나름이야. 단순히 수익률이 좋은 주식에 투자하라는 말이 아닐세. 때로는 배움과 경험을 얻기도 하고 무언가를 만

들어 내거나 누군가를 도울 수도 있지. 행복한 세상을 만드는 데 돈을 쓰라는 말일세. 필요 이상의 금액을 예금한다면 자기 손으로 돈을 썩히는 거나 마찬가지야.

파치올리가 열변을 토했지만 나는 여전히 혼란스러웠다. 예금은 많을수록 좋은 게 아니었던가?

나: 그래도 예금이 많으면 든든하잖아요? 노후를 대비하려면 한 푼이라도 더 모아야죠.

파치올리: 회계 리터러시의 관점에서 보면 예금이란 죽은 돈이지. 물가가 스멀스멀 오르는 와중에 예금으로 쌓아 두기만 하면 돈의 가치가 점점 떨어지지 않겠는가. 그러니 어떻게 돈을 활용해서 불릴지 생각해야 한다는 말일세. 이 이야기는 차차 자세히 하겠네.

자신의 자산과 부채를 파악하라

파치올리: 다음은 부채인데 지금 리볼빙 잔액이 얼마나 남았는가? 신용카드 명세서에 쓰여 있을 테니 확인해 보게.

나: 477만 2,560원이네요……. 반년 동안 매달 꼬박꼬박 갚았는데 전

혀 줄지를 않아요.

한숨이 절로 나온다.

파치올리: 그럴 수밖에. 자네 그 시계를 500만 원에 샀다고 했지. 500
만 원에 연금리가 15.0%니까 연이자가 75만 원, 한 달에 6만 2,500원
꼴이군. 월 상환액은 얼마인가?

나: 10만 원입니다. 그럼 절반 이상이 이자라는 말이군요. 원금이 3만
원 정도인 줄도 모르고 꼬박꼬박 10만 원씩 갚고 있다고 생각했어요.

파치올리: 그러니 포인트 2배에 아무 의미가 없다고 한 걸세. 일단 부채
에 477만 2,560원이라고 적어 두게나.

나는 시키는 대로 노트에 적었다.

파치올리: 이번엔 그 시계의 시가를 알아볼까.

나: 시가를요?

파치올리: 정확하지는 않아도 중고 거래 사이트에서 얼마에 거래되고
있는지 보면 대강 알 수 있다네. 한번 살펴보게나.

나는 곧장 시계 모델명을 검색했다.

나 : 거의 새것 상태인 게 210만 원에 팔렸네요. 반값 이하라니…….

파치올리 : 대체로 그렇지. 명품이라도 딱히 희소가치가 없으면 산 즉시 반값으로 떨어진다고 보면 되네. 자산에 210만 원이라고 적어 두게나.

파치올리 : 다른 자산이나 부채가 있는지 모르겠지만 자본이 마이너스 139만 8,290원이니 **채무초과**[2] 상태군 그래.

나 : 채무초과…….

회사였다면 벌써 도산하고도 남았겠지. 눈으로 직접 확인하니 위기감이 커졌다.

나의 B/S

자산 현금·예금 127만 4,270원 시계 210만 원	부채 차입금 477만 2,560원
	자본 ▲139만 8,290원

부채가 자산을 초과한 '채무초과' 상태

---

2) 부채 총액이 자산 총액을 초과한 상태. 자산을 모두 처분해도 부채를 메꾸지 못하는 상태이나, 채무초과가 반드시 도산을 뜻하는 것은 아니다.

파치올리: 그럼 손익계산서를 그려 볼까. 자네 월급은 얼마인가?

나: 야근 시간에 따라 달랐는데 지금은 회사에서 야근을 규제하고 있어서요. 대강 세후 250만 원 정도입니다.

파치올리: 통장을 확인해서 매달 월급은 정확히 파악해 두게나. 비용을 계산할 때는 월세, 공과금, 통신비, 교통비, 식비, 의복비, 보험료 그리고 리볼빙 이자도 잊지 말고.

나는 신용카드 명세서, 통장, 모아 두었던 영수증의 숫자를 확인하고 다른 지출은 없는지 떠올리며 표를 채웠다.

나: 이렇게 계산해 보니 적자네요. 매달 이런 식으로 돈을 쓰고 있었다니…….

파치올리: 상여금으로 매달 적자를 메꾸고 있었던 셈이군. 돌려막기나 마찬가지야.

나: 부끄럽습니다…….

그래서 항상 돈에 허덕였던 걸까. 적나라하게 드러난 나의 현실이 부끄러워졌다.

나: 충격적이네요.

나의 P/L

월세　　　　70만 원 공과금　23만 6,400원 통신비　25만 3,090원 교통비　14만 8,200원 식비　　57만 8,000원 생필품　15만 390원 의복비　12만 8,000원 보험료　13만 5,000원 경조사비　　15만 원 유흥비　　　30만 원 이자　　6만 880원	월급 256만 3,370원
	손익 ▲27만 6,590원

상여금으로 매달 적자를 메꾸고 있는 상태

파치올리: 그렇게 상심할 필요 없다네. 상황을 파악했으니 개선책을 마련해 보세나.

나: 부탁드립니다.

상황의 심각성을 알게 된 덕분에 개선하고자 하는 의지가 생겼다. 나에게는 오히려 좋은 기회일지도 모른다.

2%의 저금리 대출로 고급 승용차를 산다면?

파치올리: 자네 그렇게 빠듯하다면서 외제 차 딜러는 무슨 생각으로 만난 겐가?

나: 윽……. 정말 뭐든지 꿰뚫어 보고 계시는군요.

파치올리: 새 차라도 사려는 모양이지?

나: 아직은 아닙니다만 금리 2%로 대출이 된다더군요. 그 정도는 괜찮지 않을까요?

연금리 15%의 리볼빙은 확실히 문제가 있었다. 하지만 2%라면 괜찮지 않을까?

파치올리: 뭘 모르는군. 그 자동차가 2% 이상의 돈을 낳는지 생각해 봤는가?

나: 글쎄요. 돈을 낳지는 않겠죠.

파치올리: 게다가 주차비, 기름값은 물론 보험료에 점검비까지 유지비도 상당하지. 인생의 낙이라고 할 정도로 좋아하지 않는 이상, 무리해서 자동차를 살 필요가 있느냔 말일세.

듣고 보니 꼭 필요하지는 않은 것 같다. 오히려 보는 이들에게 대단

자동차를 B/S에 대입해 보면?

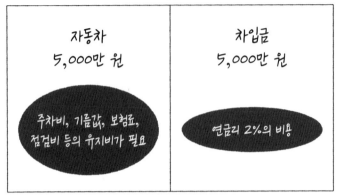

B/S

자동차 5,000만 원 주차비, 기름값, 보험료, 점검비 등의 유지비가 필요	차입금 5,000만 원 연금리 2%의 비용

'유지비+연금리 2%' 이상의 돈을 벌어야 한다

하고 잘나가는 사람처럼 보이고 싶었을 뿐인지도 모르겠다.

파치올리: 요즘은 공유경제[3) 시대니까 외제 차를 공유해서 수익을 내는 방법도 있겠지. 시대의 흐름도 고려해서 생각해 보게나.

시대의 흐름이라. 파치올리는 어디까지 내다보고 있는 걸까?

---

3) sharing economy: 물건, 서비스, 장소 등을 여럿이 공유해서 사용하는 협력 소비경제. 카 셰어링(car sharing)으로 예를 들면 자동차가 없는 사람은 유지비나 대출 부담 없이 필요할 때 자동차를 이용할 수 있고, 자동차 소유자는 사용하지 않을 때 남에게 빌려주어 경제적 이익을 얻는 구조다.

대출로 집을 사면 주거비용이 절약될까?

나 : 주택자금 대출로 내 집 마련을 하는 건 어떤가요?

파치올리 : 회계 리터러시의 관점에서 봤을 때 대출로 내 집 마련을 하는 건 그다지 현명한 방법이 아니라네.

나 : 이 홍보물 좀 보세요.

　나는 우편함에서 가져온 부동산 홍보물을 파치올리 앞에 펼쳐 보였다.

나 : 매달 상환액이 지금 내는 월세보다 적더라고요. 월세가 절약된다면 대출을 받아서 집을 사는 것도 괜찮은 선택 아닌가요?

　월세가 절약된다면 돈을 낳는 것과 같은 이치가 아닐까?

파치올리 : 자세히 보게나. 금리 밑에 뭐라고 쓰여 있는가?

나 : 변동금리[4]……?

---

4) 적용되는 이자율이 시장 상황에 따라 변하는 금리. 금리가 오르면 상환 부담 역시 커진다. 보통 3개월이나 6개월 주기로 조정된다.

파치올리가 가리킨 곳에는 알아보기 어려울 만큼 작은 글씨로 '변동금리'라 쓰여 있었다.

파치올리: 지금은 저금리 시대니까 괜찮을지 몰라도 점점 금리가 높아지면 부담이 커질 수 있다네.

나: 미처 몰랐네요. 그럼 고정금리[5]라면 괜찮다는 말씀인가요?

파치올리: 어떤 조건이냐에 따라 다르겠지. 썩 괜찮은 위치가 아닌 이상, 자산가치가 금방 절반으로 떨어질 테니까. 집을 사자마자 손실을 떠안느니 나라면 사지 않겠네.

나: 그래도 노후를 생각하면 내 집이 있는 게 좋잖아요.

파치올리: 지금 회사에서 고용을 보장해 주고 도중에 해고되거나 연봉이 깎일 염려가 없어서 정년퇴직하기 전까지 대출을 다 갚을 수 있다면 그것도 하나의 선택이겠지. 하지만 창업을 한다거나 벤처 기업에 도전하려고 할 때는 대출이 발목을 잡는다네. 몇 십 년에 걸쳐 대출을 다 갚아도 끝이 아닐세. 고정자산세도 내야 하고 건물이 낡으면 몇 천만 원 단위로 수선비가 들 테니까.

지금 다니는 직장을 정년까지? 사람 일은 어떻게 될지 모르고 애초

---

5) 시중금리 변동과 상관없이 일정한 수준으로 고정된 금리.

에 연봉이 깎이지 않으리란 보장도 없다.

파치올리 : 당장 집을 사기보다는 지금부터 월급 이외의 수입원을 몇 가지 만들어 두고 노후를 대비하는 편이 훨씬 현실적이라네. 회사에 목을 맨 상태로는 자유로울 수 없으니까.

나 : 월급 이외의 수입원이요? 그야 만들고 싶죠.

파치올리 : 차차 설명하겠네. 아무튼, 내 집 마련의 가장 큰 위험 부담은 대출에 자유를 빼앗기는 것일세. 아무리 하고 싶은 일이 생겨도 늘 연봉이 걸리겠지. 그뿐인가? 이동에도 제약이 생긴다네. 자네는 아직 젊지 않은가. 혼자 살 때라면 몰라도 결혼, 출산, 자녀의 독립에 따라 필

주택자금 대출로 산 집을 B/S에 대입해 보면?

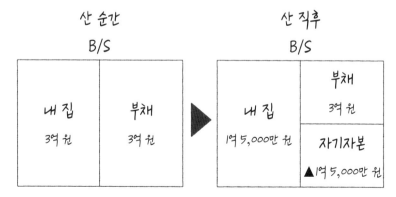

산 직후에 손실을 떠안게 되어 '채무초과' 상태가 된다

요한 공간이 다를 테고, 이웃과 마찰을 빚거나 살고 싶은 장소가 바뀐다 해도 움직이기 어렵다는 말일세.

자유를 빼앗기다니 그런 상황은 피하고 싶다.

나: 그럴 때는 세를 주거나 팔면 되지 않나요?

파치올리: 좋은 조건을 다 갖추었다면 모를까, 빈집문제[6]가 가속화되는 요즘 계약자가 금방 나타나리라는 보장도 없다네. 어쩌면 그 집에 평생 발이 묶일지도 모르지.

나: 그런데 왜 다들 집을 사려고 애를 쓰는 걸까요?

파치올리: 내 집 마련을 인생의 목표로 삼기 때문이야. 정말 집을 사고 싶다면 말리지는 않겠다만, 내 집이 있어야 성공한 인생이라는 생각에 사로잡힐 필요는 없다네.

나: 그것도 회계 리터러시인가요?

파치올리: 회계라는 관점에서 봤을 때 집을 사면 그 즉시 자산가치가 떨어지고 부채가 늘어나지. 내 집 마련이 곧 자신의 행복이 아닌 이상 대출을 받으면서까지 사는 게 능사는 아니라네.

---

6) 노무라종합연구소는 2033년이 되면 일본의 주택 3채 중 1채가 빈집이 된다고 예측했다. 한국은 일본의 절반 수준이지만 점차 증가하는 추세다.

맞는 말이다. 회계 리터러시가 있으면 삶의 기준이 확고해지리라는 생각이 든다.

'주식투자=도박'이라는 편견

파치올리 : 아까도 말했듯이 돈은 굴렸을 때 그 진가를 발휘한다네. 잘만 활용하면 얼마든지 새로운 가치를 창조하고 더 많은 돈을 낳는데도 정작 어떻게 돈을 써야 하는지 모르는 경우가 많지. 상식이랍시고 무턱대고 받아들이거나 남들의 시선만 신경 쓰다 보면 행복은커녕 헛돈만 쓰게 될 걸세.

나 : 돈을 활용해서 더 많은 돈을 낳는다고요?

파치올리 : 그렇다네. 돈을 부리는 거지.

돈을 부린다니 처음 듣는 소리다.

나 : 어떻게 해야 돈을 부릴 수 있을까요?

파치올리 : 방법이야 여러 가지지만, 주식투자가 그중 하나지.

나 : 주식이요? 주식은 도박이나 마찬가지 아닌가요? 위험 부담도 크고요.

파치올리: 자네, 투자와 투기[7]를 혼동하지 말게나.

투자와 투기? 뭐가 다르다는 거지?

파치올리: 유망한 투자처에 자금을 투입하는 투자와 달리, 단기간의 가격 변동을 노려 이익을 추구하는 투기란 도박이나 다름없다네. 주식을 장기 보유할 때는 매일 주가 변동을 신경 쓰지 않아. 주가만 들여다보면서 올랐느니 떨어졌느니 그건 진짜 주식투자가 아니지.

나: 주식투자를 하면 다들 주가에 울고 웃고 하는 줄 알았습니다.

파치올리: 주식투자는 도박이 아닐세. 투자하고 싶은 회사의 주가가 원래 가치보다 낮아졌을 때 사서 그 회사의 성장을 천천히 지켜보다 보면 저절로 돈이 불어나지. 대표적인 장기 투자가 워런 버핏[8] 군은 주식을 몇 십 년 동안 보유하기도 한다네. 버핏 군은 알고 있겠지?

나: 네, 이름은 들어본 적 있습니다.

파치올리: 그 친구에게 투자를 가르친 사람도 나일세. 알려준 내용을 잘 흡수해서 성공을 거듭했지. 그런데도 검소한 생활을 하다니 참 현명한 녀석이야.

---

7) 단기간의 가격 변동을 노려 이익을 추구하는 행위. 유망한 투자처에 자금을 대는 투자와 달리 도박에 가깝다.

8) 워런 버핏은 세계 최대의 투자지주회사인 버크셔 해서웨이의 최대주주이자 회장 겸 CEO로 역사상 가장 위대한 투자가라고 불린다. 약 100조 원에 달하는 순자산을 보유하고 있으나 검소한 생활방식으로도 유명하다. 자산 대부분을 기부하는 등 기부 문화 확산에 공헌하고 있다.

그랬구나. 파치올리는 도대체 얼마나 대단한 인물인 걸까? 나도 파치올리의 가르침을 실천하면 일류 투자가가 될 수 있을까?

파치올리 : 데이트레이딩[9]으로 수익을 내는 투자자도 있지만, 그거야말로 도박이지. 신용거래[10]로 빚을 져가면서 반복하는 단기 매매도 투기나 마찬가지인데다 큰 손해를 보기도 해. 주식투자에는 회사를 보는 눈, 사업을 보는 눈, 시대를 보는 눈이 필요하다네. 좋은 공부가 되니까 자신이 책임질 수 있는 만큼의 위험 범위 내에서 주식투자에 도전해 보게나.

나 : 무엇이든 스스로 선택해야 하는군요.

파치올리 : 그렇지. 금융기관의 영업 사원은 자기 회사에 유리한 상품을 추천[11]하니까 말이야. 투자는 모두 자기 책임일세. 물론 인생도 마찬가지지. 남 탓만 하면 성공은 물론 행복도 도망간다네. 스스로 알아보고 생각하는 게 중요하지.

그러니까 회계 리터러시가 인생에 도움이 된다는 거로군.

---

9) day trading: 주로 주식, 채권 거래나 외환 차익거래(FX), 상품선물거래, 차액결제거래, 주가지수선물거래 등 시장 유동성이 높은 파생상품을 매일 사고파는 방법.

10) 금융상품 매수 자금을 증권회사에서 빌려 매매하는 투자법. 수중에 있는 자금 이상으로 거래를 해서 높은 수익률을 노린다. 성공하면 큰 이익을 기대할 수 있지만 실패하면 그만큼 손실도 크다.

11) 2017년 4월, 당시 일본의 모리 노부치카 금융청 장관은 "지금까지 인기를 끌었던 투자 상품은 더블데커(Double-Decker, 채권, 주식 등을 투자자가 선택한 통화로 운용하는 통화선택형 상품-옮긴이)처럼 복잡한 테마형 펀드가 대부분이며 장기 보유에 부적절하고, 매매 회전율이 높아 금융기관이 판매 수수료를 버는 구조로 설계되어 있다. 이와 같은 일본의 일반적인 펀드 설계와 판매 구조가 고객의 자산 형성에 무슨 보탬이 되겠는가"라고 지적한 바 있다.

나: 저도 스스로 투자처를 골라서 투자해 보겠습니다. 하지만 어렵지 않을까요?

파치올리: 처음이라면 적립식 투자[12]도 괜찮다네. 매달 정해진 날에 주가지수[13]에 연동하는 펀드[14]를 사는 방법인데 달러평균법[15]이라고도 하지. 매달 10만 원씩 투자하기만 해도 경제 동향에 민감해질 걸세.

나: 알겠습니다. 바로 매달 10만 원씩 투자해 보겠습니다.

파치올리: 일단 지금은 적자 상태이니 지출을 다시 한번 점검해서 투자자금을 확보해야겠지. 그다음에 수입의 10%를 저축하고 매달 10만 원씩 적립식으로 투자하면 좋겠군. 그렇게 수입의 2~3개월 치 예금이 모이면 적립식 투자를 계속하면서 지금까지 저축하던 돈을 다른 곳에 투자하는 게지.

나: 그렇게 하면 예금도 투자금도 착실히 쌓이겠네요.

파치올리: 수수료가 저렴한 증권회사를 찾아보려면 이름이나 규모를 따지기보다는 온라인 증권을 이용하는 게 좋을 걸세. 말이 나온 김에 바로 계좌를 개설해 두게나.

---

12) 동일 금융상품, 예를 들어 펀드를 매달 일정 금액 정해진 날짜에 사는 방법.

13) 한국의 대표적 주가지수에는 코스피(KOSPI)와 코스닥(KOSDAQ)지수가 있다.

14) 투자가에게서 모집한 자금을 자산 운용 전문가인 펀드 매니저가 운용하는 금융상품.

15) Dollar Cost Averaging: 주식, 펀드 따위의 금융상품에 투자하는 방법으로 '분할적립투자'라고도 부른다. 금융상품을 매월 일정한 금액 꾸준히 매입해서 매입 평균 단가를 낮춘다.

나는 곧장 스마트폰으로 검색해서 수수료가 저렴하고 쓰기 편리한 온라인 증권을 골라 계좌를 개설했다. 이제부터 차근차근 투자를 시작해 봐야겠다.

복리의 위력을 최대한 활용하라

파치올리: 기왕 투자를 시작하기로 마음먹었다면 월 지급형[16]이 아니라 재투자형[17]을 고르게나. 젊을 때 시작해야 복리[18]의 위력을 최대한 활용할 수 있을 걸세.

나: 복리의 위력이요? 복리가 뭐죠?

파치올리: 자네 대학에서 배우지 않았나? 복리는 그야말로 마법이지. 전 세계 부자들이 복리로 돈을 불리고 있으니까 말이야. 복리를 이해하기 전까지 투자는 꿈도 꾸지 말게.

음……. 들어본 적은 있는데 무슨 뜻이었더라. 마법이라 부를 만큼

---

16) 매달 결산해서 수익 등의 일부를 수입배당금(배당금)으로 지급하는 펀드.

17) 수입배당금(배당금)을 받지 않고 재투자하는 펀드.

18) 複利: 원금에서 발생한 이자를 다음 기간의 원금에 더하는 방식이다. 다음 기간에는 원금뿐만 아니라 더해진 이자에도 이율이 적용되기 때문에 기간을 거듭할수록 이자가 점점 늘어난다.

그렇게 대단한 걸까?

파치올리 : 복리란 원금에 투자로 얻은 이익을 합쳐서 운용하는 방식일
세. 재투자형이 바로 복리지. 반대로 투자 이익을 빼고 원금만 운용하
는 방식이 단리(單利)라네. 의외로 단리인 월 지급형을 선호하는 사람
도 많아. 적으나마 매달 배당금을 받는 쪽을 택하는 게지.
나 : 저도 기왕이면 매달 받고 싶은데요.

　파치올리가 크게 한숨을 쉬었다.

단리와 복리는 어떻게 다를까?

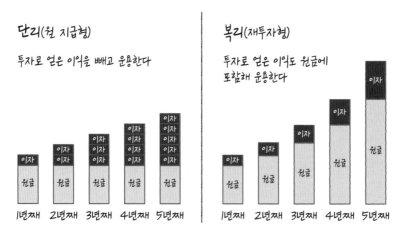

길게 보면 복리가 압도적으로 유리하다

파치올리 : 그 심정 알고도 남지만 투자의 묘미는 복리에 있다네. 투자 기간이 길어질수록 차이가 압도적으로 벌어지니까.

나 : 그렇게 다른가요?

파치올리 : 그럼 알기 쉽게 연이율 10%로 100만 원을 운용한다고 가정해 보겠네.

파치올리가 계산기를 손에 들고 노트에 숫자를 적기 시작했다.

파치올리 : 단리로 투자한 뒤에 1년이 지나면 이자가 붙어 총 110만 원이 되겠지. 2년째가 되어도 원금은 100만 원으로 변함없고 이자도 똑같이 10만 원일 테니, 모두 합하면 120만 원이 될 걸세. 3년째에도 원금은 100만 원이니까 같은 식으로 130만 원, 이런 식으로 10만 원씩 증가하겠지.

나 : 그렇겠죠. 연이율이 10%니까요.

파치올리 : 계속 들어 보게나. 복리로 투자했을 때 첫해는 110만 원으로 같지만 2년째에는 원금이 110만 원으로 늘어났으니 이자가 11만 원 발생해서 총 121만 원이 되지. 3년째에는 121만 원을 맡긴 셈이니 이자가 12.1만 원, 총 133.1만 원이 되는 걸세.

나 : 말씀하신 대로 같은 돈을 3년간 맡겼을 때, 복리 쪽의 잔액이 더 크네요. 하지만 130만 원이나 133.1만 원이나 그게 그거 아닌가요? 도

대체 어디가 마법이라는 거죠?

파치올리: 그렇게 생각하겠지. 복리의 위력은 투자 기간이 길어질수록 그 진가가 드러나는 법이니까. 자세한 계산은 생략하겠네만, 10년이 지나면 단리 200만 원, 복리 약 259만 원, 20년 뒤에는 단리 300만 원, 복리 약 673만 원, 30년 뒤에는 단리 400만 원, 복리는 무려 약 1,745만 원[19]이 된다네.

나: 1,745만 원이요? 4배가 넘는 차이라니 엄청난데요.

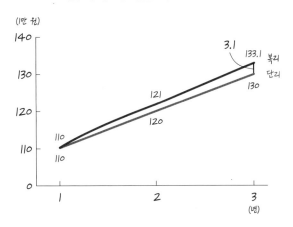

단리와 복리를 비교하면? ①

그다지 큰 차이가 없어 보이지만……

19) 엑셀의 재무 함수 중 FV(Future Value, 미래가치) 함수로 계산할 수 있다. 이율(Rate), 기간(Nper), 정기납입액(pmt), 현재
가치(Pv), 납입 시점(Type)을 입력하는데 정기납입액과 납입 시점은 생략해도 된다.

엄청난 차이에 벌어진 입이 다물어지지 않았다. 그렇다면 꼭 복리로 투자해야겠다고 생각했다.

파치올리 : 석유왕 **록펠러**[20] 군도 복리를 '세계 7대 불가사의에 버금가는 8번째 불가사의'라고 불렀다네.

나 : 서, 설마 록펠러도 선생님의 제자인가요?

파치올리 : 복리의 개념을 가르치긴 했지. 그 녀석이 군수산업에도 손

단리와 복리를 비교하면? ②

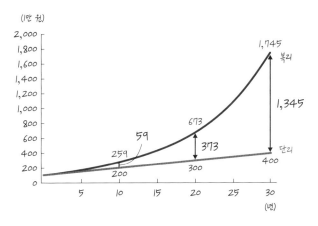

30년이 지나면 약 1,345만 원의 차이가 벌어진다

---

20) 존 데이비슨 록펠러는 스탠더드 오일 사의 창업자로 미국에서 처음으로 트러스트를 조직해 미국 내 정유소의 95%를 독점했다. 근현대사상 가장 부유한 인물로 꼽힌다.

을 델 줄은 꿈에도 몰랐다네. 게다가 경영방식은 무자비했고, 어마어마한 돈을 끌어모았으니 주변에 적도 많았지. 만년에는 엄청난 재산을 사회에 환원했지만, 비판하는 이들도 끊이지 않았다네.

파치올리가 슬픈 얼굴로 말했다. 애써 번 돈을 군수산업에 썼다는 사실이 애석한 걸까.

나: 복리는 정말 대단하군요. 여유가 생기면 조금씩 투자해 보겠습니다.

파치올리: 잘 생각했네. 소액 투자가 가능하고 세액 공제는 물론 복리효과까지 있는 개인형 퇴직연금제도(Individual Retirement Pension, IRP)를 이용하는 것도 한 방법이지. 내 손으로 번 돈을 통장에 묵히든 펑펑 낭비하든 개인의 자유지만, 그 돈을 복리로 운용했다면 벌어들였을 이익만큼 손해 보고 있다는 사실을 잊지 말게나.

나: 잘 알겠습니다. 지금 바로 적립식 투자와 IRP부터 시작해 보겠습니다.

파치올리: 투자를 시작하고 나면 매달 나의 B/S에 자산을 계상해 두게. '나의 재무상태표'니까 계정과목은 본인이 알아보기 쉽게 정하면 된다네.

금리가 괜찮은 저축성 보험은 좋은 투자?

나: 저, 한 가지 궁금한 게 있습니다. 외국계 보험회사에 이직한 친구가 **저축성 보험**[21]을 추천하던데 투자로서 가치가 있을까요?

파치올리: 저축성 보험 말이군. 딱 잘라 말할 수는 없지만 그다지 추천하고 싶지 않네.

나: 예에? 금리가 제법 괜찮아서 좋은 투자라고 생각했는데요.

며칠 전, 저축보다 훨씬 유리하다면서 친구가 추천했던 상품이다. 지금 들어 둔 보험을 바꾸자니 번거로웠고 경제적인 여유도 없어서 거절하기는 했지만⋯⋯.

파치올리: 보험원가에는 상당한 비용이 포함되어 있다네. 벌이가 꽤 좋은 보험회사 직원들만 봐도 감이 잡힐 테지. 광고도 줄기차게 내보내고 노른자 자리에 큰 빌딩도 여럿 되고 말이야. 그 돈이 다 어디서 나오는지 생각해 본 적 있나?

나: 아니요. 듣고 보니 이곳저곳 돈이 꽤 쓰이겠네요.

---

21) 매달 보험료가 쌓이는 보험. 해약 시에 해약환급금, 만기 시에 만기환급금으로 되돌려 받는다.

외국계 보험회사에 다니는 친구도 벌이가 제법 좋다고 들었다. 그 말인즉 보험료 중에 회사 몫이 많다는 뜻일까?

나: 그 돈이 다 보험료에서 나가고 있다는 말씀인가요?

파치올리: 그렇지. 계약자가 매달 내는 보험료 가운데서 **보험금**[22]이나 **급여금**[23] 지급의 재원이 되는 돈을 순보험료, 보험회사의 사업비로서 급여나 광고비 따위의 경비에 충당하는 돈을 부가보험료라고 하는데, 그 비율이 얼마인지는 공개하지 않는다네. 하지만 부가보험료의 비율이 낮지 않은 것만은 확실하겠지.

나: 그렇겠군요. 저도 그렇게 생각합니다.

파치올리: 부가보험료에 관해서는 서비스의 질을 따져 봐야 하네. 보험료에 걸맞은 서비스를 제공한다면 보험료가 비싸더라도 선택할 이유가 되지만, 인터넷이나 전화 가입을 통해 경비를 낮춘 다이렉트 상품도 있으니까 잘 비교해 보게나.

나는 회사에 영업을 나온 설계사가 권하는 대로 보험에 가입했다. 하지만 계약한 뒤로 연락을 받은 적도 없고 충분한 서비스를 받고 있

---

22) 계약에 따라 피보험자가 사망하거나 보험 기간이 만료된 경우 등에 보험회사가 지급하는 돈. 보험금을 받으면 계약이 종료된다.

23) 계약에 따라 피보험자가 질병이나 상해로 입원, 수술하거나 보험 기간 중 생존 시 보험회사가 지급하는 돈. 급여금을 받은 후에도 계약은 지속된다.

지도 않은 것 같다.

파치올리: 그리고 저축성 보험은 만기가 되면 납입한 보험료보다 많은 금액을 환급받지만, 도중에 해지하면 원금 손해가 발생하니 주의해야 하네. 또 계약에 따라 보험금이 지급되면 해약환급금이 달라지는 상품도 있으니 잘 따져 보게나. 그러니 저축성 보험에 가입할 돈으로 보장성 보험에 가입하고 나머지는 투자하는 편이 좋다고 보네.[24] 만일의 경우가 생기더라도 투자해서 불어난 돈은 수중에 남아 있으니까.

나: 그렇게 생각하면 저축성 보험에 가입할 이유가 별로 없어 보이네요.

파치올리: 한국은 모든 국민이 공적 건강 보험에 가입하는 국민건강보험제[25]를 채택한 나라이고, 본인부담상한제[26]도 이용할 수 있으니 실제로 입원하거나 수술하더라도 의외로 많은 돈이 들지 않는다네. 투자로 돈을 불려서 공적 제도가 커버하지 못하는 부분만 대비하면 되지.

---

24) 2017년 4월, 일본의 모리 노부치카 금융청 장관은 "저축성 보험 판매를 예로 들었을 때, 지금까지 '이 상품은 사망 보장과 자산 운용을 동시에 하고 싶다는 고객의 요망에 부응한 맞춤 상품'이라고 설명했겠지만, 투자 상품과 보장성 보험을 따로 진행할 때의 비용 차이를 충분히 설명한 다음 고객에게 판단을 구해야 하지 않은가"라고 지적한 바 있다.

25) 모든 국민이 의무적으로 공적 건강 보험에 가입하는 제도. 미국과 같이 선진국 중에서도 민간보험 중심이거나 일부 국민만을 대상으로 공적 건강 보험을 운영하는 국가도 있다.

26) 비급여 등을 제외하고 환자 본인이 부담하는 연간 의료비 총액이 개인별 상한금액을 초과한 경우 그 초과금액을 건강보험공단이 부담하는 제도.

배움에 투자한 만큼 벌어야 한다

나: 잘 알겠습니다. 그렇다면 자기개발[27]은 어떤가요?

파치올리: 자기개발에도 여러 가지가 있는데 자네는 자기개발이 뭐라고 생각하는가?

나: 자기개발하면 자격증이 떠오르네요. 실제로 자격증 공부를 하는 사람도 많고요.

파치올리: 자기개발=자격증 취득이라고 생각하기 쉽지만, 투자 금액과 그 비용 이상으로 돈을 벌어야 한다는 회계 리터러시의 관점에서 봤을 때, 자격증이 업무에 활용 가능한가가 관건이지. 자격증을 따면 돈을 벌 수 있다는 말도 옛말이라네. 변호사나 회계사 일도 대부분 AI가 대체하는 시대가 올 테고, 지금도 애써 자격증을 땄지만 먹고 살기 힘들다고들 하니까.

나: 저도 들은 적 있습니다. 변호사도 경쟁이 치열하다고요.

얼마 전 뉴스에서 변호사 사무실을 개업했는데 벌이가 시원찮아 결국 취업의 문을 두드렸다는 이야기를 들었다.

---

27) 자신의 능력이나 기술을 높이기 위해 투자하는 것.

파치올리 : 자격증뿐만이 아닐세. 비즈니스 관련 세미나를 듣고 나면 왠지 똑똑해진 듯한 기분이 들지. 하지만 지적 호기심 충족으로 끝나서는 안 된다네. 투자한 돈을 회수하지 못한다면 자기개발은 사치나 낭비와 다름없으니까.

나 : 그럼 구체적으로 무엇을 배워야 할까요?

파치올리 : 돈 버는 능력을 길러야지. 거기에는 인간력(人間力)도 포함된다네. 자립한 인간으로서 살아가는 힘을 갈고닦아야 돈도 벌 수 있는 거니까. 그러니 무언가를 배웠다면 실천해야 하네. 실천해서 투자 금액 이상의 돈을 창출해야지.

나 : 실천해서 투자 금액 이상의 돈을 창출하라……. 회계 리터러시의 기본 원칙이군요.

파치올리 : 그렇지. 다만 인간력을 갈고닦는 데 필요한 심도 있는 배움일수록 금방 돈으로 이어지지 않는다네. 그렇다고 해서 효과가 확실한 노하우만 찾다 보면 어느 순간 성장이 멈추게 될 걸세. 배움의 균형을 맞추기란 쉬운 일이 아니지만 실천의 중요성에는 변함이 없지. 실천이 성공을 보장해 주지는 않지만, 실천하지 않으면 인생은 바뀌지 않는다네.

그 말대로다. 나도 꼭 배움을 실천하리라고 마음먹었다.

'자기개발'에서 중요한 것은?

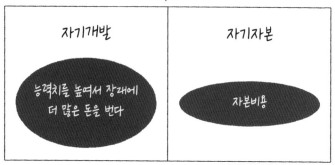

배움을 실천해서 자기개발에 투자한 비용 이상을 벌어야 한다

나 : 저도 선생님께 배운 내용을 실천해서 성공하고 싶습니다.

파치올리 : 꼭 그리 해 주게나. 아까도 말했지만 배운 것을 곧바로 실천하는 사람은 10%, 꾸준히 실천하는 사람은 그중에서 10%니까 성공하는 이들은 전체의 1%뿐이라네. 성공에 특별한 지식이 필요한 게 아닐세. 계속해서 실천하느냐가 문제지.

나 : 네! 계속해서 실천하겠습니다!

파치올리 : 오늘은 여기까지 할까. 돈을 불려야 하는 책임도 물론 중요하지만, 살다 보면 돈과는 상관없이 행복을 추구할 필요도 있다는 사실을 잊지 말게. 나도 단 것을 좋아하는데, 특히 티라미수라면 사족을 못 쓴다네.

이탈리아인이라서 티라미수를 좋아하는 걸까? 르네상스 시대에도 티라미수가 있었을까?

파치올리: 이렇게 많이 가르쳐 주었으니 내일은 티라미수를 사 온다고 약속하게. 꼭 일세.

나: 퇴근길에 꼭 사 오겠습니다.

파치올리: 정리하자면 자신에게 무엇이 가장 중요한지, 어디에서 행복을 느끼는지를 명확히 알아야 한다네. 그렇지 않으니 엉뚱한 데 돈을 쓰지.

파치올리는 정말 르네상스 시대 사람이 맞는 걸까?

파치올리: 티라미수가 유익한 투자가 될지 아닐지는 자네 손에 달려 있다네. 자네가 배움을 활용해서 돈을 낳게 된다면 티라미수를 산 돈은 살아 있는 돈이지. 자네가 배움을 활용하지 못한다면 티라미수를 먹은 나만 득을 볼 테고. 나야 어느 쪽이든 상관없지만 말일세.

나: 그렇군요. 같은 돈을 쓰더라도 어떻게 활용하느냐가 문제군요.

파치올리: 그렇지. 티라미수 생각을 하니 배가 고파서 이만 자야겠네.

파치올리는 곧장 침대에 드러누워 코를 골며 자기 시작했다.

나는 오늘 배운 내용을 노트에 적으면서 소파에 누워 잠을 청했다.

2장 포인트

회계 리터러시는 우리 인생에도 쓸모 있는 지식입니다.

아니, 인생에 활용해야 비로소 진정한 리터러시라 할 수 있겠지요.

돈에 비용이 든다는 사실을 명확히 의식하고 있는 사람은 많지 않습니다.

특히 신용카드 리볼빙을 이용하면 자신의 수입보다 더 많이 지출할 수 있고, 포인트 적립률도 높아지기 때문에 언뜻 편리해 보이지만 높은 금리를 생각하면 사채나 다름없습니다.

금리가 낮다고 해서 무턱대고 구매해서도 안 됩니다. 돈을 낳지 않는 자산, 유지 비용이 드는 자산, 가치가 하락하는 자산을 소유하기 전에 정말 필요한가, 자신의 행복에 기여 하는가를 따져 봐야 합니다.

꼭 필요하지도 않고 자신의 행복과도 관련이 없지만 다들 가지고 있으니까, 혹은 자존심을 세우기 위해서와 같은 이유라면 회계 리터러시의 관점에서 볼 때 합리적인 선택이 아닙니다.

그 사실을 깨달았다면 다음으로 돈을 낳는 자산에 투자를 검토해야 합니다.

먼저 보험 삼아 월급의 10%, 상여금의 50%를 저축하고 절대로 손을 대지 않습니다. 3개월 치 수입이 예금에 모이면 저축으로 돌리던 금액을 투자금으로 활용합니다.

구체적인 투자 방법으로는 주식투자, 부동산투자, 자기개발 등 다양하지만 무엇보다도 스스로 생각하고 자기 책임하에 투자하는 것이 중요합니다. 여러분도 복리의 위력을 활용해 돈을 불려 보시기 바랍니다.

물론 파치올리의 말처럼 살면서 항상 돈 벌 궁리만 할 필요도 없고, 돈을 낳지 않는 취미나 여가에 돈을 써도 좋지만, 무엇이 진정 자신을 행복하게 하는지 알아야겠지요. 행복을 알아보는 눈을 키우는 것 역시 회계 리터러시를 높이는 방법입니다.

2장 정리 노트

모든 돈에는 비용이 든다. 돈을 불려야 하는 책임을 의식하고 낭비하지 않는다.

① 리볼빙 → 악마의 상술!

② 외제 차 → 금리가 낮아서 자본비용이 적게 느껴지지만, 돈을 낳지 않는다.

③ 내 집 → 자유를 빼앗긴다.
월급 이외의 수입원을 만드는 편이 현실적이다!

④ 주식투자
- 투자와 투기는 다르다.
- 유망한 회사의 주식을 장기 보유하라.
- 적립식 투자를 할 때는 재투자형을 선택하라.

⑤ 보험

- 저축성 보험보다 비용이 낮은 보장성 보험으로

⑥ 자기개발

- 돈 버는 능력을 기른다.
- 인간력을 길러라.

투자한 비용 이상을 벌어야 한다.

제 3 장

다른 사람의 힘을
레버리지로 활용하라

회사 재무제표를 읽어 보자

눈을 떠 보니 파치올리의 모습은 사라지고 없었다. 이틀 연속으로 꿈을 꾼 걸까? 이렇게까지 생생하게 느껴지는 걸 보면 아무래도 꿈은 아닌 듯하다.

나는 어젯밤 파치올리에게 배운 내용을 되새겨 봤다.

모든 돈에는 비용이 든다. 대출금이건, 스스로 번 돈이건 어떻게 굴려서 돈을 불릴지 생각해야 한다. 물론 내가 정말 좋아하는 일이거나 자신의 행복을 위해서라면 돈을 낳지 않는 곳에 지출해도 좋지만, 남의 눈을 의식해서라거나 체면치레를 하기 위한 지출은 회계 리터러시의 관점에서 봤을 때 합리적이지 않다.

그보다도 돈을 불리고 버는 힘을 기르는 데 투자하고, 진정 자신을 행복하게 하는 일에 돈을 쓰자. 그것이 바로 돈을 제대로 활용하는 길이다.

이런저런 생각하다 보니 어느새 회사에 도착했다. 아침에 출근할 때면 늘 우울했는데 오늘은 왠지 기분이 좋다.

자리에 앉아 컴퓨터를 켜고 회사 홈페이지에 들어갔다. '주주와 투자자 여러분께'라는 항목을 열어 보니 최신 사업보고서[1]를 금방 찾을

---

1) 상장회사가 매 사업연도 말에 당해 사업연도의 사업 상황, 경영 실적, 재무 상태, 재무제표 등의 기업 내용을 기록해 외부에 공개하는 자료.

수 있었다. 입사한 지 4년 반이 지나도록 회사의 결산보고서[2]를 읽어 보기는 처음이다. 회계를 배웠다고 나름 자부하면서도 제대로 활용한 적이 없었다.

재무상태표를 보니 곧바로 엄청난 규모의 차입금이 눈에 들어왔다. 자기자본과 비교해 봐도 장기차입금이 너무 많은데 괜찮은 걸까?

K 과장: 웬일이래? 재무제표를 다 보고.

깜짝 놀라 뒤를 돌아보니 K 과장님이 서 있었다.

'레버리지'가 뭐였더라?

K 과장: 우리 회사 재무제표네. 어때, 뭔가 느끼는 점이 있어?

나: 차입금이 많네요. 이렇게 부채가 많은지 몰랐습니다. 괜찮은 건가요?

K 과장: 우리 회사가 자기자본비율[3]이 낮긴 하지. 하지만 대부분 장기차

---

2) 상법상 재무제표라고 하는데 실무상 결산과 관련해 작성되는 재무제표 등의 서류를 일괄해 결산보고서라고 한다. 한국채택국제회계기준(K-IFRS)으로 재무제표는 재무상태표, 포괄손익계산서, 자본변동표, 현금흐름표, 재무제표에 대한 주석, 이 다섯 가지로 구성된다.

3) 자기자본을 총자본(혹은 총자산. 재무상태표의 오른쪽, 즉 부채와 자기자본의 합계)으로 나눈 값. 총자본 중에 자기자본이 차지하는 비율을 나타낸다. 자기자본비율이 높을수록 회사의 장기 안전성이 높다고 할 수 있다.

입금[4])이야. 단기차입금이 많으면 문제겠지만 유동비율[5])도 충분하니까 걱정할 필요 없어. 우리 회사는 의도적으로 부채를 늘려서 레버리지[6])를 높이고 있는 거야.

자기자본비율, 유동비율, 레버리지……. 과장님은 아무렇지 않게 전문용어를 쓰고 계시지만 나는 머릿속이 혼란스럽다.

자기자본비율은 총자본 중에서 자기자본이 차지하는 비율이었던가. 유동비율은 유동자산[7])을 유동부채[8])로 나눈 비율이고……. 레버리지는 뭐였지?

대충 아는 척하지 말고 모르면 모른다고 솔직히 말해야 뭐라도 배우는 게 있겠지.

나 : 과장님, 레버리지가 무슨 뜻이죠?

K 과장 : 레버리지를 모른다고? 대학교 때 안 배웠어?

나 : 네…….

---

4)   상환 기한이 1년 이상인 차입금. 이에 비해 상환 기한이 1년 이내인 차입금을 '단기차입금'이라고 한다.

5)   유동자산을 유동부채로 나눈 값. 유동자산은 1년 이내에 현금화되는 자산, 유동부채는 1년 이내에 상환해야 하는 부채다. 유동자산이 유동부채의 몇 배인지를 나타낸다. 유동비율을 보면 회사의 단기 부채 상환능력(단기 안전성)을 알 수 있다.

6)   leverage: 타인자본(부채)을 지렛대 삼아 자기자본이익률을 높이는 것을 '재무 레버리지'라고 한다.

7)   1년 이내에 현금화되는 자산.

8)   1년 이내에 상환해야 하는 부채.

왠지 과장님의 얼굴과 파치올리의 얼굴이 겹쳐 보인다.

K 과장: 레버리지란 지렛대의 원리를 뜻해. 예를 들어, 부채가 0, 자기
자본이 100인 회사가 10의 이익을 냈다고 하면 ROE[9]가 10%겠지.

과장님이 그림을 그리면서 설명했다.

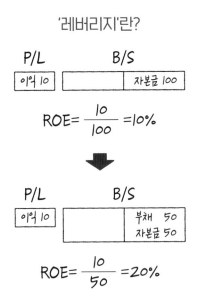

'레버리지'란?

레버리지란 부채를 지렛대처럼 이용해 ROE를 높이는 효과다

---

9) Return On Equity(자기자본이익률)의 약자로 투입한 자기자본이 얼마만큼의 이익을 냈는지 나타내는 지표다.

K 과장: 그럼 부채비율을 높여서 부채가 50, 자기자본이 50인데 똑같이 10의 이익을 냈다면 ROE가 20%겠지? 이렇게 부채를 지렛대처럼 활용해서 ROE를 높이는 효과를 레버리지 효과라고 해.

ROE라면 어렴풋이 기억난다. 자기자본에 대한 이익의 비율이니까 이익이 같다면 자기자본이 적을수록 ROE가 높아진다는 걸까?

나: 그 말은 즉, 부채비율이 커질수록 ROE가 높아진다는 뜻인가요?

K 과장: 그렇지. 하지만 ROE를 중시하면 재무 상태가 나빠져서 신용평가[10]가 떨어지고 부채의 조달 비용도 올라가겠지. '자기자본이 너무 높을 때는 ROE가 나빠지고, 부채가 너무 많을 때는 부채의 조달 비용이 증가한다. 그러므로 자기자본과 부채의 **최적자본구조**[11]를 찾아야 한다.' 이렇게 정리할 수 있겠네.

최적자본구조. 대학에서 배웠지만 까맣게 잊고 있었다. 실제로 우리 회사의 재무제표를 보니 그 중요성이 느껴지는 듯하다.

---

10) 금융상품이나 채권을 발행하는 국가·기업·금융기관의 재무 상황, 경제 환경 등을 종합해 평가한 신용상태를 기호 또는 숫자로 나타낸다. 등급이 높을수록 낮은 금리로 자금 조달이 가능하며 등급이 낮으면 도산 위험이 크기 때문에 자본 조달 비용이 커진다. Moody's, S&P, Fitch가 세계 3대 신용평가사로 꼽힌다.

11) Optimal Capital Structure: 자본비용을 최소로 하는 자기자본과 타인자본의 최적 구성. 부채의 절세효과도 고려한다.

'최적자본구조'란?

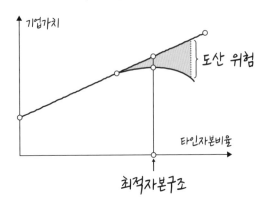

자본비용이 최소가 되는 자기자본과 타인자본의 최적 구성

K 과장: 우리 회사 자료만 보지 말고 거래처 재무제표도 열람해 봐. 동
종업종이나 시계열로 재무제표를 비교해 보면 깨닫는 게 있을 거야.

나: 알겠습니다.

K 과장: 그리고 또 한 가지. 회계뿐만 아니라 인생에서도 레버리지를
활용할 것.

수수께끼 같은 말을 남긴 채 과장님은 자리로 돌아갔다.

레버리지를 인생에 활용하라고? 무슨 뜻이지?

나는 일단 과장님이 말씀하신 대로 거래처의 홈페이지에서 사업보

고서와 IR[12] 자료를 인쇄했다. 재무제표를 보니 우리 회사와는 다르게 자기자본비율이 높다. 상당히 건실한 경영이다. 담당자와 이야기할 때마다 착실하다는 인상을 받았는데 사내 분위기가 재무 상태에도 나타나는 걸까? 재무제표의 숫자에서 생동감이 느껴졌다.

재무제표 열람에 재미가 들린 나는 거래처를 시작으로 유명한 기업의 재무제표도 훑어봤다. 누가 시키지도 않았는데 스스로 재무제표를 다 읽다니. 인생 오래 살고 볼 일이다.

빚에도 좋은 빚과 나쁜 빚이 있다

일을 마치고 회사를 나왔다. 오늘 밤에도 파치올리와 만나게 될까? 확신은 없지만 약속대로 티라미수는 사 가야겠다. 못 만나면 내가 다 먹지 뭐.

디저트 가게에 들러 평소라면 사지 않을 고급스러운 티라미수를 두 개 사서 돌아왔다. 껌껌한 방에는 아무도 없다.

나: 그분은 도대체 정체가 뭘까? 정말 꿈이었나?

---

12) Investor Relations: 원활한 투자 유치와 공정한 가치평가를 받기 위해 투자자를 대상으로 기업의 정보를 제공하는 홍보 활동.

나는 한숨을 쉬었다. 정장을 벗고 편한 옷으로 갈아입은 다음 의자에 앉아 티라미수 포장을 열고 있을 때였다.

파치올리: 그거 설마 티라미수인가?

나: 헉! 선생님 계셨네요? 놀랐잖아요. 도대체 어디에 숨어 계셨던 거예요?

파치올리: 달콤한 냄새에 이끌려 나왔지. 자네가 티라미수를 사 오지 않았다면 나타나지 않을 작정이었다네.

참 타산적인 양반이로군. 어쩐지 밉지 않지만.

파치올리: 오오! 정말 맛있어 보이는구먼! 기대한 보람이 있어.

파치올리가 두 눈을 빛내며 말했다.

파치올리: 그런데 이보게. 에스프레소는 어디 있나?

나: 에스프레소요?

파치올리: 티라미수에 에스프레소가 빠지면 쓰겠는가. 이리도 센스가 없어서야.

나: 죄, 죄송합니다.

파치올리: 됐네. 커피도 나쁘지 않지.

　나는 인스턴트커피를 타서 파치올리에게 건넸다.

파치올리: 음, 맛있군. 이렇게 맛있는 티라미수는 처음일세.

나: 입에 맞으시다니 다행입니다.

파치올리: 정말 맛있어. 고맙네.

　파치올리가 만족스러운 얼굴로 말했다.

파치올리: 파티시에나 판매원은 물론 낙농업 종사자와 젖소들 덕분에 이렇게 맛있는 티라미수를 먹을 수 있는 게지.

나: 갑자기 왜 그러세요?

파치올리: 왜 그러냐니. 이 티라미수가 내 입으로 들어오기까지 얼마나 많은 이들이 고생했을까 생각하니 뭉클했을 뿐이네. 물론 자네에게도 감사하고 있지만.

나: 아유. 별말씀을요.

　나는 어쩔 줄 몰라 나도 모르게 두 손을 모았다.

나: 그런데 정말 대단하시네요. 거기까지 생각하시다니.

파치올리: 누구나 혼자서는 살 수 없지. 늘 감사해야 하네. 다른 사람의 힘을 활용하는 레버리지도 회계 리터러시일세.

나: 레버리지! 오늘 K 과장님께 배웠습니다.

파치올리: 마침 잘 됐군. 레버리지가 무엇인지 설명해 보게나.

허를 찔린 나는 오늘 아침 K 과장님께 들은 내용을 떠올리려 애를 썼다.

나: 그러니까, 부채비율을 크게 해서 ROE를 높이는 것 아닌가요?

파치올리: 그렇지. 회계에서 말하는 레버리지란 부채의 활용이라네.

나: 부채를 활용한다……. 그런데 어제는 대출로 외제 차나 집을 사기 전에 고민해 보라고 하시지 않았나요?

어제는 대출로 외제 차나 집을 사지 말라 해놓고 오늘은 부채를 활용하라니 앞뒤가 맞지 않는다.

파치올리: 이보게. 그렇게 섣불리 판단하면 쓰나. 빚이 꼭 나쁜 것만은 아닐세.

나: 그런가요? 저는 또 빚이 나쁜 줄로만 알았습니다.

파치올리 : 빚에 드는 비용 이상으로 돈이 불어날 가능성이 있다면 투자를 하는 걸세. 빚을 활용해서 자기자본 이상으로 투자한다, 즉 레버리지를 이용한다 이거지.

불로소득은 얌체 짓이다?

나 : 자기자금 이상의 투자가 가능하다는 게 레버리지의 뜻이었군요.

파치올리 : 가령 자기자금이 200만 원밖에 없어도 300만 원을 빌리면 500만 원의 투자금이 생기지. 2%의 금리로 빌려서 5%의 이율을 얻는다면 가만히 있어도 연금리 3%로 돈이 불어나는 셈이라네. 불로소득[13]이 되는 거지.

나 : 불로소득이란 말은 들어본 적 있습니다. 일하지 않아도 돈이 들어온다는 말이죠?

파치올리 : 일하지 않는다기보다는 노동시간에 비례하지 않는다는 표현이 정확하겠지. 어제 설명했던 주식투자는 물론 부동산투자, 인세, 사업 가맹비 등도 불로소득의 일종이야. 수입[14]은 노동소득과 불로소

---

13) 이자, 배당금, 임대 수익, 지대 등 일하지 않고 얻는 수입. 자본소득, 권리수입이라고도 한다.

14) 엄밀히 따지면 수입과 소득은 같은 의미가 아니지만, 불로수입보다 불로소득이라는 단어가 자주 쓰이므로 이 책에서는 '불로소득'으로 통일한다. 또 수입에서 필요경비를 뺀 것이 '소득'이디.

빚이 꼭 나쁜 것만은 아니다?

B/S

자산	부채
투자 500만 원 이율 5%	차입금 300만 원 금리 2%
	자본 자기자금 200만 원

**빚에 드는 비용 이상으로 돈이 불어날 가능성이 있다면,
나쁜 빚이 아니므로 투자한다**

득으로 나뉜다네. 일해서 버는 돈이 노동소득이고 그 대표적인 예가 월급일세. 일한 만큼 월급을 받지만 일하지 않으면 0이지. 의사건 변호사건 대기업 사원이건 다 노동소득이야.

나: 일한 만큼 월급을 받는 건 당연한 거 아닌가요?

파치올리: 대부분 당연하다고 생각하겠지만 노동은 수입을 얻는 방법 가운데 하나일 뿐일세. 노동시간에 비례하지 않는 수입도 세상에는 수없이 많으니까.

그런 방법이 있다고? 일하지 않고도 수입을 얻는다니 부러운 한편 얌체 짓 같다는 생각도 든다.

나 : 솔깃한 이야기지만 좀 찝찝하달까 얌체 같다는 생각이 들어요.

파치올리 : 노동은 미덕이라는 사고방식 때문일세. 땀 흘려 번 돈이 제일이고 아름답다는 생각을 부정하지는 않네. 나 역시 일하는 걸 좋아하고.

나 : 부모님께 돈은 땀 흘려 벌어야 한다, 일하지 않는 자 먹지도 말라고 배웠거든요.

나는 부지런하던 부모님의 얼굴을 떠올렸다.

파치올리 : 성실한 분들이셨군. 훌륭한 가르침이지. 자네처럼 불로소득에 대해 부정적인 인상을 느끼는 사람도 많지만, 자신의 가능성을 좁히는 편견일 뿐이라네. 자네가 땀 흘렸건 아니건 간에 누군가를 행복하게 하느냐가 중요하니까. 자네가 열심히 일해서 아무도 행복해지지 않는 것보다도 자네가 편히 지내면서 누군가가 행복해지는 편이 훨씬 좋은 일이고, 그쪽이 더 큰 돈을 낳는다네.

정말일까? 하지만 내가 땀 흘려 일했다는 사실보다 누군가의 행복이 중요하기는 하다.

파치올리 : 실제로 돈은 일해서 벌어야 한다고 생각하는 이들이 많지.

다른 방법을 모르는 거야. 어쩌겠는가. 학교에서 배우는 거라곤 근면 성실한 인재가 되는 방법뿐이니까 말일세.

나: 그렇게 중요한 내용을 왜 학교에서 가르쳐 주지 않는 걸까요?

파치올리: 세뇌하는 거지. 학교 교육은 근면한 인재 육성이 목적이라네. 그러니까 스스로 배워야 하는 걸세. 어째서 회계 리터러시가 필요한지 알겠는가?

나: 선생님 말씀대로 저도 불로소득을 만들고 싶습니다.

파치올리: 불로소득만 가지고는 재미없지. 땀 흘려 일해서 누군가를 기쁘게 하는 것 또한 행복이니까.

전혀 일하지 않아도 된다고 하면 그 역시 따분한 인생일 것 같다.

파치올리: 수입을 얻는 수단이 노동뿐일 때 병에 들거나 다치면 수입이 끊기는 상황으로 이어지지. 그러니까 **노동소득과 불로소득의 균형을 맞추는 게 가장 중요하다네.** 사는 데 필요한 돈이 불로소득으로 충당된다면 돈 걱정에서 해방되니까 다른 사람을 돌아볼 여유가 생기고, 좋아하는 일을 할 시간이 생기니까 업무 효율도 올라가겠지. 그 과정에서 돈도 자연히 따라올 걸세.

나도 그런 인생을 살 수 있다면 얼마나 좋을까.

부자들이 부동산에 투자하는 이유

파치올리 : 안타깝게도 조금 수입이 늘어났다고 해서 돈을 펑펑 써대는 어리석은 자들이 많다네. 회계 리터러시의 중요성을 실감하게 되지.

나 : 사치하면 안 된다는 말씀이시죠?

파치올리 : 그런 말이 아닐세. 돈 쓰는 재미도 무시 못 하고 돈도 써 본 사람이 아니까. 경험은 가장 큰 재산이라네. 다만 사치할 생각만 하지 말고 자산 형성에도 투자해야 한다 이 말이지.

나 : 수입이 늘어났으니까 그만큼 여유를 부려도 되지 않나요?

파치올리 : 개인의 자유지만 기회비용[15]을 따져 봐야 한다네.

나 : 기회비용? 그게 뭐죠?

파치올리 : 배운 적 있을 텐데. 이 경우에는 투자를 선택했다면 얻었을 이익이지. 여유를 부리는 선택을 하기에 앞서 그 돈을 투자할 경우 얻게 될 이익, 특히 복리로 운용해서 얻게 될 이익과 비교한 뒤 어느 쪽을 택해야 할지 생각해야 한다네.

나 : 주식투자를 말씀하시는 건가요?

파치올리 : 그것뿐만이 아닐세. 레버리지라는 말이 나온 김에 부동산투자[16]에 대해서 이야기해 볼까.

———

15) 여러 가능성 중 하나를 선택함으로써 포기해야 하는 기회의 가치. 다른 기회에 투자했다면 얻게 되었을 이익.

16) 수익을 목적으로 부동산에 투자하는 것.

'기회비용'이란?

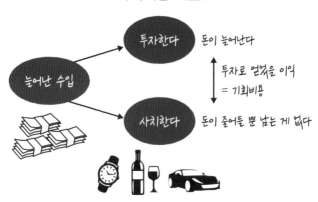

사치하는 대신 투자를 선택했다면 얻었을지도 모르는 이익

나: 부동산이요? 어제는 집을 사지 말라고 하셨잖아요.

파치올리: 부동산투자는 내 집 마련과 다르다네. 돈을 낳지 않는 내 집이 아니라 수익형 부동산을 사라 이 말일세.

수익형 부동산이라. 그러고 보니 동기 중에 투자용 오피스텔을 샀다고 자랑하는 녀석이 있었지. 그런 걸 말하는 걸까?

파치올리: 임대로 내놓으면 그 자산은 돈을 낳게 되지. 그게 내 집과 다른 점이라네. 주식투자도 마찬가지지만 부자치고 부동산에 투자하지 않는 사람은 없을 걸세.

나 : 부자라는 말을 들으면 부동산이 먼저 떠오르네요. 투자용 오피스텔을 산 친구가 있는데 크게 목돈을 들이지 않았다고 들었습니다.

파치올리 : 실투자금 0원이라고 하던가? 매물을 잘 고르면 문제없지만, 업자의 권유에 넘어가는 사람도 많지. 부동산에 투자하려면 업자가 하는 말만 믿지 말고 스스로 정보를 수집해야 하네. 양심적인 업자도 있지만 업자가 팔고 싶은 매물을 권유하는 게 아닌지 의심해 보게나. 아무런 지식 없이 도전했다가는 큰코다치니까.

나 : 따로 공부도 해야 하고 정보도 모아야 한다니 좀 귀찮네요. 더 쉬운 방법은 없을까요?

파치올리 : 세상에 쉬운 일이 어디 있겠는가. 불로소득이라고 해서 편하게 돈 버는 방법이 아니라네. 이용당하지 않으려면 공부가 필요하지.

그렇군. 역시 세상에 쉬운 일은 없구나.

파치올리 : 중고로 5,000만 원짜리 매물을 샀다고 가정해 볼까. 내부를 리모델링하고 임대료 60만 원에 임대하면 연간 720만 원의 돈이 들어오겠지. 부수비용까지 포함해서 총 6,000만 원을 투자했다 치고, 그중 절반인 3,000만 원을 금리 2%의 10년 융자로 메꾸었다면 한 달 상환액이 약 30만 원이니까, 매달 약 30만 원의 이익이 남을 테지. 경비나 세금도 포함한 투자금을 약 10년에 걸쳐 회수하고 나면 임대료가 오

롯이 불로소득인 걸세.

나 : 정말 대단하네요.

파치올리 : 그렇게 생활에 필요한 돈을 불로소득으로 충당하게 되면 돈 걱정에서 해방되겠지. 자유롭게 쓸 여윳돈이 늘어나는 걸세.

돈 걱정에서 해방된다니 그보다 좋은 이야기가 어디 있겠냐만 위험 부담은 없을까?

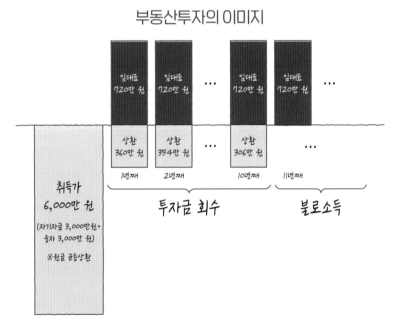

부동산투자의 이미지

약 10년에 걸쳐 투자금을 회수하고 나면 임대료가 불로소득이 된다

나: 그런데 부동산은 공실 위험이 있다고 하던데요? 점점 빈집문제도 심각해질 테고요.

파치올리: 자금이 빠듯한 상태에서 거액의 융자를 받아 투자했다면 문제가 되겠지. 제대로 고른 매물이 1년이고 2년이고 비어 있을 리가 없다네. 몇 개월간 비어 있는 정도로 현금흐름[17]이 막힐 우려가 있다면 투자하지 않으니만 못하지. 레버리지 활용이라고 해서 실투자금 없이 투자하라는 게 아닐세. 몇 천만 원쯤 밑천이 준비된 상태에서 융자비율을 적정 수준으로 맞추어야지.

나: 하지만 어느 세월에 몇 천이나 되는 밑천을 만들죠?

파치올리: 자네가 엉뚱한 데 낭비하지 않고 월수입 10%, 상여금의 50%를 착실히 저축하다 보면 몇 년 사이에 모일 걸세. 하지만 회계 리터러시가 없는 사람은 돈이 모일라치면 쓰기 바쁘지. 그러니 언제까지고 돈에 휘둘리는 걸세.

　그 말을 들으니 할 말이 없다. 리볼빙으로 분수에도 안 맞는 비싼 시계를 산 일이 후회스러웠다.

---

17) 현금의 흐름. 현금의 유입과 유출.

다른 사람의 힘을 인생 레버리지로 활용하라

파치올리 : 레버리지는 인생에 얼마든지 활용할 수 있다네.

나 : K 과장님도 그런 말씀을 하시더라고요. 대출을 받으라는 걸까요?

파치올리 : 돈이 아니라 다른 사람의 힘을 빌리라는 뜻일세.

　　파지올리가 노트에 B/S를 그리면서 설명했다.

파치올리 : 내가 가진 지식과 경험만 밀고 나가는 인생은 자기자본만 굴리는 투자와 마찬가지지. 다른 사람의 힘을 잘 활용하는 것도 성공의 비

인생을 B/S로 나타내 보면?

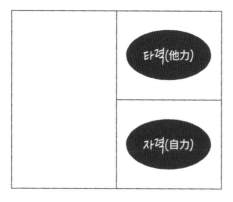

타인의 힘을 빌리는 것=레버리지를 활용하는 것

결이라네. 자력과 타력을 모두 활용한다고나 할까. 지금까지 했던 이야기에 비유하자면 자기자본에 타인자본의 힘을 더해서 레버리지를 활용한다는 말일세.

나: 다른 사람의 힘을 빌리는 것이 레버리지라는 말이군요.

파치올리: 아까 했던 티라미수 이야기를 떠올려 보게나. 제아무리 천재 파티시에라고 해도 혼자서는 어림없지. 원유 생산, 재료 가공, 조리 도구 제작, 배송에 이르기까지 티라미수 하나에도 많은 이들의 노력이 담겨 있다네. 세상 모든 일이 다 그렇지.

나: 그러고 보니 제가 하는 일에도 많은 사람의 도움이 필요하군요.

파치올리: 그 사실을 잊지 말고 항상 감사하게나. 그런 마음가짐으로 힘이 되어줄 사람을 늘려 나가는 거지. 철강왕 카네기[18] 군의 묘비에는 "자신보다 우수한 사람을 자기 곁에 모을 줄 아는 사람 여기 잠들다" 라고 쓰여 있다네.

철강왕 카네기. 이름은 들어본 적이 있다. 나보다 현명한 이들과 함께라면 무슨 일이든 못할까.

파치올리: 다른 사람의 힘을 레버리지로 활용하려면 먼저 신용을 쌓아

---

18) 앤드루 카네기는 카네기 철강회사의 설립자이자 자선사업가로 철강왕이라고도 불린다.

야 하고 다른 사람의 힘을 활용할 줄 알아야 하네.

나: 인간적으로 성장해야 한다는 말씀이군요.

파치올리: 회계에서 말하는 레버리지도 마찬가지일세. 타인자본, 즉 대출을 받으려면 신용이 있어야 하지. 신용이 없다면 대출 자체가 불가능하니까. 대출은 좋지 않다고 생각하겠지만 돈을 빌릴 데가 있고, 나를 도와주는 사람이 있다는 사실은 굉장한 일이라네.

그렇다. 파치올리의 말대로 돈이건 힘이건 무언가를 빌리기 위해서는 신용이 필요하다.

파치올리: 그럼 이제부터 자네가 누구의 힘을 빌릴 수 있고, 어떻게 해야 그들의 힘을 최대한 활용할 수 있을지 생각해 보세나.

인적자본 B/S를 만들어 보자

나: 알겠습니다. 하지만 지금 저에게 힘을 빌려줄 사람은 많지 않을 텐데요.

파치올리: 정말 그렇게 생각하는가? '인적자본 B/S'를 같이 만들어 봄세.

파치올리가 그렇게 말하면서 노트에 B/S를 그리기 시작했다.

파치올리: 오른쪽 아래의 자기자본에는 자네의 지식이나 경험을 써넣고 오른쪽 위의 타인자본에는 자네에게 도움을 줄 만한 사람의 이름을 쓰도록 하게.

나: 너무 갑작스러운데…….

파치올리: 괜찮으니까 일단 써 보게. 실제로 도움을 받을지 말지는 따지지 말고. 자네가 도움을 받고 싶은 이들을 떠올려 보게.

나는 자기자본에 대학에서 배운 회계 지식, 영업 경험, 파치올리에게 배운 회계 리터러시를 쓰고, 타인자본에는 K 과장님, 동기인 P 대리, Y 대리, 직장 후배 H, 대학 친구인 M과 S, 마지막으로 부모님의 이름을 적었다.

파치올리: 호오, 꽤 되는군.

나: 이렇게 쓰고 보니 저도 의외로 인복이 있네요. 왠지 뭉클한데요.

파치올리: 곰곰이 생각해 보면 아마 더 있을 걸세.

도움을 받고 싶은 사람이야 많다. 하지만 그들이 정말 나에게 힘을 빌려줄까?

나의 인적자본 B/S

자산	타인자본
	K 과장님　　친구 M
	P 대리　　　친구 S
	Y 대리　　　부모님
	직장 후배 H
	자기자본
	회계 지식
	영업 경험
	회계 리터러시

자기자본=자신의 지식과 경험
타인자본=도움을 받고 싶은 사람의 이름

나 : 다른 사람의 힘이 필요할 때는 어떻게 해야 할까요?

파치올리 : 간단하지. 자네가 솔직하게 '도와달라'고 하면 된다네.

나 : 도와달라고요? 입 밖으로 꺼내기 힘든 말이군요.

파치올리 : 그렇겠지. 하지만 혼자 힘으로 애쓰려고 할 때마다 사람을 믿지
못해서가 아닌지 생각해 보게나.

나 : 사람을 믿지 못한다…….

파치올리 : 세상은 의외로 따뜻한 곳이라네. 자신의 무력함을 인정하고 다

른 사람의 힘을 빌리면 되는 걸세. 누군가에게 기대기 어렵다면 지금부터라도 사람을 귀하게 여기게나.

회계라는 주제가 사람을 귀하게 여기라는 말로 이어질 줄은 상상도 못 했다. 하지만 나는 자연스레 고개를 끄덕이고 있었다.

나는 어떤 가치를 만들 수 있는가?

파치올리 : 다음 단계는 자네의 힘과 다른 사람의 힘을 합쳐서 어떤 가치를 만들어 낼 수 있는가를 생각하는 걸세.

나 : 어떤 가치를 만들어 낼 수 있는가를요?

파치올리 : 그래. 자네가 만들고 싶은 가치와 세상에 공감하는 이들이 자네의 조력자가 될 테니까.

내가 어떤 가치를 만들고 싶으냐고? 지금껏 살면서 그런 생각을 해본 적이 있던가?

파치올리 : 내로라하는 대기업도 창업자의 신념에서 출발했지. 그 신념에 공감한 이들이 모여서 큰 기업으로 일군 거라네.

나: 저한테는 대기업에 걸맞은 신념이 없는 걸요.

파치올리: 꼭 대기업을 만들라는 소리가 아닐세. 회사 업무든 개인 사업이든 자신의 신념에 공감해 준 이들과 힘을 합쳐 더 큰 가치를 만드는 거지.

나는 무엇을 만들고 싶은 걸까? 어떤 가치를 세상에 내놓을 수 있을까?

파치올리: 지금 당장은 생각나지 않더라도 항상 의식해야 하네. B/S의 왼쪽, 자산에 적어 두고 틈날 때마다 들여다보게나.

나: 알겠습니다.

파치올리: 또 한 가지. 자네뿐만 아니라 힘을 빌려준 이들의 시간에도 비용이 든다는 사실을 잊지 말게. 그러니 비용 이상의 성과를 내도록 목표를 정해야 하지.

나: 그것이 회계 리터러시였죠.

파치올리: 모아 온 돈과 타인의 시간에는 반드시 비용이 든다네. 그 비용 이상의 돈과 성과를 만들어야 할 책임을 자각하게나.

나: 잘 알겠습니다.

나는 심각한 표정으로 대답했다.

파치올리: 자네 표정이 굳었군. 저번에도 말했듯이 인생이니까 항상 돈이나 성과만 좇을 필요는 없다네.

나: 책임이라는 말을 들으니 저도 모르게 심각해졌나 봅니다.

파치올리: 보기보다 성실하구먼. 그게 자네의 장점이야. 하지만 가장 큰 성과는 자네의 행복일세. 곁에서 힘을 빌려주는 이들의 바람 또한 자네의 행복이지.

표현이 거칠 때도 있지만 파치올리는 참 따뜻한 사람이다.

'인적자본 B/S의 자산'이란?

자산	타인자본
나는 무엇이 하고 싶은가? 어떤 가치를 만들고 싶은가? 어떤 세상을 만들고 싶은가?	
	자기자본

당장 떠오르지 않더라도 항상 의식하고 있어야 한다

파치올리: 그렇게 심각해지지 말고 마음 편히 생각하게. 부담 때문에 마음이 무거워지면 될 일도 되지 않는다네.

파치올리가 밝은 목소리로 말했다.

나: '마음 편히'. 알겠습니다.

파지올리: '즐겁고 편안하게'가 바로 핵심일세. 돈은 에너지나 다름없으니 무거워서 좋을 게 없지. 가벼울수록 돈이 도는 속도도 빨라진다네.

아리송한 이야기지만 무슨 뜻인지 알 것 같다. 심각해진다고 해서 무슨 득이 있겠는가.

파치올리: 오늘은 이쯤 할까. 내일도 티라미수와 에스프레소 잊지 말게나.

나: 내일도요?

파치올리: 당연하지. 아까 티라미수를 먹었으니 양치를 해 볼까. 새 칫솔은 어디 있나?

나: 세면대 아래 선반에 있습니다.

파치올리: 고맙네~.

오늘 배운 내용을 노트에 적고 있으니 양치를 마치고 나온 파치올리가 곧장 이불속에 들어가 코를 골기 시작했다.

3장 포인트

회계란 기업 활동을 돈이라는 관점에서 기록하는 것입니다.

  기업, 특히 주식회사라는 조직은 인류 최고의 발명 중 하나라고 불립니다. 소유권을 나누어 주어 투자금을 모으고, 상환 의무가 없는 대신 발생한 이익을 배분하는 방식으로 기업 활동에 필요한 자원을 세계 각지에서 끌어모으기 때문입니다.

  또 회사는 타인자본, 즉 대출로 돈을 조달하기도 합니다. 대출을 레버리지, 즉 지렛대로 활용하면 자기자본보다 더 큰 규모로 투자와 사업을 진행할 수 있습니다.

  기업재무(企業財務)에서는 부채비율을 높여서 ROE를 높이는 효과, 도산 위험으로 말미암은 조달 비용 증가, 그리고 본문에서는 생략했지만 부채의 절세효과까지 고려해 최적자본구조를 결정합니다.

  이 이론은 인생에도 적용할 수 있습니다. 자신의 힘에 타인의 힘을 더해서 레버리지로 활용하는 것이지요. 그에 앞서 인적자본 B/S를 작성해 보는 방법도 효과적입니다.

인생 레버리지란 자기자본과 타인자본을 활용하는 경영을 인생에 응용한 저의 독자적인 이론입니다. 저는 물론 고객들이 직접 실천해 큰 성과를 봤습니다.

먼저 내가 가진 힘과 다른 사람의 힘을 눈에 보이는 형태로 정리하고 어떻게 활용할지 항상 의식하기 바랍니다. 자연스레 가능성의 폭이 넓어지고 혼자서는 불가능한 수준의 일을 해내게 될 것입니다.

또 다른 사람의 힘을 빌리기 위해서는 믿을 만한 사람으로 성장해야 함은 물론, 능력 밖의 일을 구분할 줄 알아야 하며 겸손하고 솔직하게 도움을 구해야 합니다. 인간적인 그릇도 어느새 커져 있겠지요.

부디 레버리지를 활용해 여러분만의 새로운 가치를 만드시기 바랍니다.

3장 정리 노트

① 불로소득
- 내가 일하느냐 하지 않느냐보다 누군가의 행복이 더 중요하다.

② 부동산투자
- 밑천을 모으고 레버리지를 활용하라. 스스로 공부하고 정보 수집!

③ 인생 레버리지
- 다른 사람의 힘을 빌려라.
- 인간적으로 성장하라.
- 혼자 힘으로 애쓰는 이유는 사람을 믿지 못해서다.
- 사람을 귀하게 여겨라.
- 어떤 가치를 만들 수 있는가?
- 심각해지지 말고 마음 편히!

제 4 장

돈의 흐름을 이미지화해서
회전 속도를 높여라

재고를 여유 있게 두지 않는 이유

아침에 눈을 떠 보니 파치올리의 모습은 사라지고 없었다.

꿈이건 현실이건 이제는 아무래도 좋다. 귀중한 배움을 어떻게 활용하느냐가 중요하니까.

어제는 레버리지에 관해 배웠다. 부채를 활용하는 재무 레버리지와 마찬가지로 다른 사람의 힘을 빌리는 인생 레버리지 역시 중요하다. 내가 가진 지식이나 경험에 다른 사람의 힘이 더해지면 더 큰 가치를 만들 수 있다.

전철 안에서 어제 정리한 인적자본 B/S를 펼쳤다. 타인자본에는 K 과장님이나 동기인 P 대리와 Y 대리, 직장 후배 H, 대학 친구인 M과 S, 그리고 부모님의 이름이 쓰여 있다. 그들의 힘을 빌리려면 어떻게 해야 할까? 사람 대 사람으로 친구나 직장 동료, 상사의 힘을 빌린다는 게 정말 가능할까?

생각에 잠겨 있다 보니 어느새 회사에 도착했다. 답이 나오지 않는 물음에 끙끙대느니 눈앞에 있는 일부터 처리하기로 했다. 오늘은 거래처에 막바지 제안을 해야 한다. 정신 바짝 차려야지.

나: 감사합니다! 이번 주중에는 서버 납품이 가능할 겁니다.

A 물산: 마침 딱 맞게 제안을 해 주셔서 정말 감사합니다.

3년째 거래 중이던 A 물산에 처음으로 영업 지원 시스템을 납품하게 되었다. 거래처의 재무 상황을 미리 파악해 두고 영업에 활용했던 점이 효과가 있었다.

회사에 돌아온 나는 곧바로 물류팀에 전화를 걸었다.

나: 네? 재고가 모자란다고요?

물류팀: 네, 재입고까지 2주일 걸립니다.

나는 내 귀를 의심했다. 지금까지 이런 적이 없었는데 하필 이럴 때 재고가 없다는 거지?

나: 곤란하네요. 이번 주중에 납품하겠다고 거래처에 말씀드렸거든요.

물류팀: 서둘러 진행해 보겠습니다만 미리 거래처에 양해를 구하는 편이 좋겠네요.

나는 전화를 끊자마자 한숨을 쉬었다.

나: 도움이 안 되네. 왜 일 처리가 저 모양이지?

큰일이다. 어떡하지…… 물류팀에 말씀 좀 해달라고 K 과장님께 부탁해 볼까? 나는 실낱같은 희망을 품고 과장님의 책상으로 향했다.

K 과장: 무슨 일이야?

나: 이번 주에 서버를 납품하기로 했는데 재고가 없다네요. 어째서 재고가 항상 빠듯한 걸까요? 좀 넉넉하게 준비해 두면 좋을 텐데.

K 과장: 왜일 것 같아?

갑작스러운 질문에 나는 말문이 막혔다.

K 과장: 모처럼 회계 리터러시를 배웠으니 스스로 생각해 봐.

나: 음, 재고를 쌓아 두면 팔리지 않고 남았을 때 처리가 곤란해서인 가요?

K 과장: 그런 이유도 있지. 악성재고[1]가 생기면 손해 볼 각오로 처분해야 하니까. 하지만 잘 팔린다고 해서 재고를 많이 쌓아 두면 안 돼. 왜인지 알겠어?

재고를 많이 쌓아 두면 안 되는 이유? 재고가 늘어날수록 자산도 늘어나니까…….

---

1) 공장, 창고, 소매점 등에서 장기간 팔리지 않고 남아 있는 재고.

나: 혹시 자산효율이 나빠지기 때문인가요?

K 과장: 그래 맞아. 재고가 늘어나면 ROA[2]가 나빠지지. ROA는 총자산에 대한 이익의 비율이고. 하지만 그런 교과서 같은 대답이 아니라 재고가 무엇을 뜻하는지 현실적으로 생각해 봐.

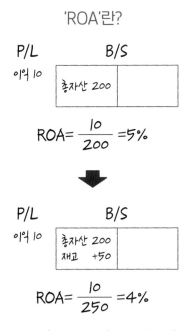

'ROA'란?

ROA는 총자산에 대한 이익의 비율,
재고(총자산)가 늘어나면 ROA가 나빠진다

---

2) Return On Asset(총자산이익률)의 약자로 총자산 대비 벌어들인 당기순이익을 나타낸다. 기업이 자산을 얼마나 효율적으로 운용했는가를 알 수 있다.

나: 재고가 무엇을 뜻하느냐고요?

K 과장: 재고뿐만 아니라 경영이라는 관점에서 돈의 흐름을 이미지화한다면 "재고를 넉넉하게 준비하라"라는 말이 쉽게 안 나올 거야. 그리고…….

나: 그리고요?

K 과장: "도움이 안 된다"라는 표현은 자제하는 게 어떨까?

과장님은 그 말만 남긴 채 회의실로 갔다.

역시 '도움이 안 된다'라는 표현은 옳지 못했다. 별생각 없이 그런 말을 내뱉다니.

나는 인적자본 B/S를 보면서 한숨을 쉬었다. 인적자본에는 물류팀을 비롯한 회사의 다른 부서 사원들도 포함된다. 그런 그들을 두고 쓸모없다고 평가한 내가 힘을 빌릴 자격이 있을까?

나는 반성했다. 이럴 때 K 과장님이라면 다른 부서에 협력을 요청해 능숙하게 해결하셨을지도 모른다.

그 밖에도 마음에 걸리는 말이 있다. 돈의 흐름이 대체 무슨 뜻일까?

이러고 있을 때가 아니지. 납품이 늦어진다고 A 물산에 연락해야 한다. 나는 무거운 마음으로 수화기를 들었다.

돈이 어떻게 형태를 바꾸어 가는지 상상하라

일을 마친 나는 어제 들렀던 가게에서 티라미수를 산 뒤 집 근처 카페에서 에스프레소를 포장했다.

파치올리: 오오! 티라미수엔 역시 에스프레소지!

파치올리가 활짝 웃으며 마중을 나왔다. 내가 책상 위에 종이봉투를 두자마자 포장을 뜯는가 싶더니 어느새 먹고 있다.

파치올리: 정말 최고야. 티라미수의 달콤함과 에스프레소의 쌉쌀함은 환상의 궁합이라네.

파치올리가 행복한 얼굴로 에스프레소를 마신다.

파치올리: 아, 맛있다. 내가 이 맛에 살지. 고맙네.
나: 맛있게 드셔주시니 저도 기분이 좋네요.

파치올리가 기뻐하는 모습을 보니 나도 덩달아 기분이 좋아졌다.

파치올리: 오늘은 돈의 흐름에 관해 이야기하려고 하네. 돈의 흐름을 현실에 맞추어 이미지화해 보는 게 중요하니까.

나: 돈의 흐름! 마침 제가 알고 싶었던 내용입니다.

바로 오늘 K 과장님께 들은 내용이다. 파치올리는 과장님과 통하는 데라도 있는 걸까?

파치올리: 조달한 돈에는 비용이 든다, 그러므로 자본비용 이상으로 돈을 벌어야 할 책임이 있다, 여기까지는 이해했겠지.

나: 네, 알고 있습니다.

파치올리: 그렇게 조달한 돈은 경영 활동 속에서 다양한 형태로 바뀐다네. 돈이 어떻게 형태를 바꾸어 가는지 상상해 보겠는가?

나: 돈이 형태를 바꾼다고요?

파치올리: 돈은 건물이나 비품이 되기도 하고 원재료 혹은 원재료를 가공한 제품이 되기도 하지.

나는 파치올리의 말을 들으면서 돈이 다양한 형태로 변하는 모습을 상상해 봤다.

파치올리: 회사가 움직이는 데는 돈이 들지. 경영 활동이란, 회사가 조

돈이 형태를 바꾸는 과정 ①

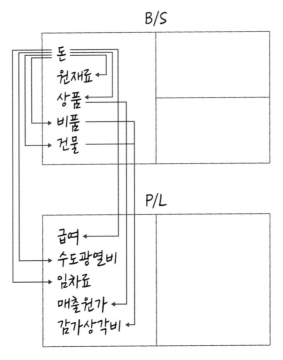

돈이 다양한 형태로 모습을 바꾸면서 가치를 낳는다

달한 돈이 다양한 곳에 쓰이면서 모습을 바꾸고 가치를 낳는 과정이라네.

건물이나 비품은 물론 원재료나 상품 역시 돈의 다른 형태다. 듣고 보니 당연한 말인데 지금껏 그렇게 생각해 본 적이 없었다.

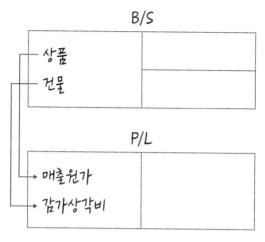

상품이나 건물도 돈의 또 다른 모습

B/S

상품
건물

P/L

매출원가
감가상각비

상품이 팔리면 매출원가라는 비용이 되고,
건물은 감가상각을 거쳐 감가상각비가 된다

파치올리 : 건물이 된 돈은 감가상각[3]을 거쳐 감가상각비로, 상품이 된 돈은 팔린 만큼 매출원가[4]라는 비용으로 손익계산서에 계상되지. 돈이 다양한 형태로 바뀌는 과정에서 가치를 낳고 더 많은 돈을 가져온다네.

파치올리가 그림을 그리면서 설명했다.

---

3) 자산 취득에 지출한 금액을 자산의 사용 기간에 걸쳐 비용으로 배분하는 과정.

4) 판매된 상품의 매입 또는 제조에 든 비용.

돈이 형태를 바꾸는 과정 ②

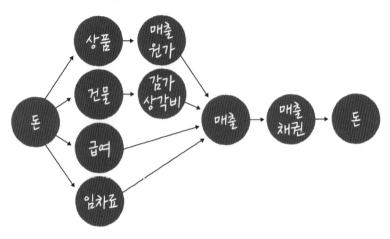

돈은 비용으로 모습을 바꾼 뒤 상품이 팔리면 다시 돈으로 돌아온다

파치올리: 일단 자산으로 모습을 바꾼 뒤에 비용이 될 때도 있고, 급여, 수도광열비, 임차료처럼 바로 비용으로 쓰일 때도 있지. 마지막으로 상품이나 서비스가 팔리면 다시 돈으로 돌아오는 걸세. 실로 긴 여정이라네.

나: 돈이란 참 변화무쌍하네요.

파치올리: 그렇지. 돈이 어떻게 흐르는지 파악하는 게 중요하다네.

돈의 흐름을 의식하면서 보면 재무제표의 수치가 새롭게 다가오지 않을까. 파치올리가 말하던 회계의 심오함을 조금은 알 것 같다.

돈은 빨리 돌아올수록 좋다

나: 참, 오늘 회사에서 '재고를 넉넉하게 준비하라'라는 말을 했더니 상사인 K 과장님께서 돈의 흐름을 이미지화하라고 하셨어요.

파치올리: 그게 무슨 뜻이라고 생각하나?

나: 잘 모르겠습니다. 또 재고를 많이 쌓아 두면 안 된다고 말씀하셨고요.

파치올리: 돈이 재고로 바뀐 경우를 생각해 보게나. 재고가 잔뜩 쌓여 있다는 말은 돈이 재고인 상태로 멈추어 있다는 뜻이라네.

나: 재고인 상태로 멈추어 있다……

　　나는 돈이 재고가 되어 쌓여 있는 모습을 상상했다.

파치올리: 돈은 여러 가지 형태로 바뀔 수 있지만 한 가지에 머무르지 않고 빨리 돈으로 돌아오는 편이 좋다네.

나: 빨리 돌아오는 편이 좋다고요?

파치올리: 그야 자네, 오늘 투자한 1,000만 원이 내일 1,100만 원이 되는 투자와 1년 뒤에 1,100만 원이 되는 투자 중에 어느 쪽을 택할 텐가?

나: 그야 내일 돌아오는 게 좋죠.

왜 빨리 회수해야 할까?

재투자 불가능

돈이 빨리 돌아오면 그만큼 빨리 재투자할 수 있다

나는 곧바로 대답했다. 같은 돈이라면 당연히 빨리 내 손안에 들어올수록 좋다.

파치올리 : 그렇지. 돈은 가능한 한 빨리 회수하는 편이 좋다네. 같은 1,100만 원이라고 해도 내일 돌아오는 1,100만 원 하고 1년 후에 돌아오는 1,100만 원을 비교했을 때, 내일 돌아오는 1,100만 원의 가치가 높다고 할 수 있지. 돈이 빨리 돌아오면 다시 투자해서 돈을 증가시킬 수 있으니까. 돈으로 돌아오지 않는 한 그 돈은 발이 묶인 셈이라네. 죽은 거나 마찬가지야.

나 : 그렇군요. 서둘러 다른 곳에 투자하기 위해서라도 돈을 빨리 회수해야겠네요.

파치올리 : 또 상품을 매입해서 판매하기까지의 속도를 **상품회전율**[5]이라고 하네. 매출에 대한 재고의 비율인데, 회전이 빠를수록 상품이 팔려서 돈으로 회수되는 속도가 빠르다고 볼 수 있지.

그리고 보니 재무제표 분석 시간에 회전율이라는 단어를 배웠던 기억이 난다. 어째서 회전이라고 표현하는지가 의문이었는데 이제야 이해가 된다.

파치올리 : 회전율은 높을수록 좋다네. 동종업종과 비교했을 때 회전율

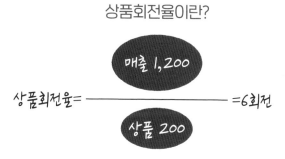

상품회전율이란?

$$상품회전율 = \frac{매출\ 1,200}{상품\ 200} = 6회전$$

상품을 매입해서 판매하기까지의 속도를 나타내는 지표,
회전율이 높을수록 돈이 빨리 회수된다

---

5) 일정 기간 내에 상품이 어느 정도 팔렸는가를 나타내는 지표로, 매출액(또는 매출원가)에 대한 평균 재고액(재고원가)의 비율이다. '재고자산회전율'이라고도 한다.

상품회전일수란?

$$상품회전일수 = \cfrac{상품\ 200}{매출\ 1,200} = \frac{1}{6}년 = 2개월$$

**상품이 1회전 하는 데 드는 기간을 나타내는 지표,
회전일수가 짧을수록 돈이 회수되는 속도가 빠르다**

이 높은 회사는 그만큼 자산을 효율적으로 활용하고 있는 셈이지. 회전율이라고 부르지만 회전수라고 하는 편이 알기 쉽겠군.

나: 회전이 빠를수록 돈이 금방 회수된다는 뜻이군요.

파치올리: 그렇지. 그리고 상품회전율의 역수, 즉 재고를 매출로 나누면 상품회전일수를 구할 수 있다네. 상품회전일수는 재고를 1회전 시키는데 며칠이 걸리는가를 나타내지.

나: 며칠이 걸리는지 알면 관리 계획을 세우기 편하겠네요.

파치올리: 회전율이 높거나 회전일수가 짧은 쪽이 돈이 재고로 바뀌고 난 뒤에, 재고가 팔려서 다시 돈으로 돌아오기까지의 속도가 빠르다는 뜻일세. 과잉재고는 웬만해서 돈으로 회수하기 힘들지. 때로는 악성재고가 될 위험도 있다네. 그러니까 재고는 가능한 한 적은 쪽이 좋

다는 걸세.

나: 아, 회전율은 생각하지도 않고 재고가 부족하다느니 불평만 해댔네요.

파치올리: 반대로 재고를 너무 적게 두는 바람에 고객이 원할 때 팔지 못하면 기회손실이 되지. 재고관리는 간단한 일이 아니라네. 수요와 공급을 예측해야 하니까.

흑자인데도 도산하는 이유

파치올리: **매출채권**[6]도 마찬가지라네. 매출채권도 가능한 한 빨리 돈으로 회수하는 편이 좋지. 회수에 문제가 생기면 **부실채권**[7]이 될 위험이 커진다네. 매출채권이 얼마나 빠르게 회수되는지를 보여 주는 지표를 '매출채권회전율'이라고 하는데, 매출채권회전율이 높을수록 매출채권이 현금화되는 속도가 빠르다는 뜻일세.

나는 채권 회수가 막힌 거래처를 떠올렸다. 경영이 악화했다는 소문은 들었지만, 영업 실적을 달성하려고 무리하게 밀어붙였다가 결국

---

6)   외상거래에서 발생한 매출 상품의 미수 대금. 어음을 받았다면 '받을어음', 그렇지 않은 경우를 '외상매출금'으로 구분한다.

7)   회수가 어려워진 외상매출금, 대여금 따위의 채권.

대금을 회수하지 못했다.

매출이 아무리 늘어도 돈으로 회수하지 못하면 의미가 없다. 돈을 회수하기까지의 기간이 길어질수록 부실채권이 될 위험도 커진다.

파치올리 : 매출채권회전율이 나빠지면 흑자도산[8]할 위험이 커진다네. 흑자도산이 무엇인지는 아는가?

흑자도산? 흑자와 도산이 무슨 상관이지?

파치올리 : 손익계산서상에서는 흑자인데도 어음결제에 필요한 자금을 융통하지 못해 도산하는 경우지. 믿기 어렵겠지만 꽤 흔한 일이라네.

나 : 흑자인데 회사가 도산한다고요?

경영 실적이 좋은데도 도산할 수가 있다니 믿기 힘든 이야기였다.

나 : 그런 경우도 있나요? 경영 부진 때문에 적자인 회사가 도산하는 줄 알았는데요.

파치올리 : 아무리 적자가 계속되어도 현금이 도는 한 회사는 굴러가지. 자금

---

8) 장부상에서는 흑자이나 단기 부채 상환에 필요한 충분한 자금을 확보하지 못해 도산하는 경우를 말한다.

흑자인데도 도산하는 이유

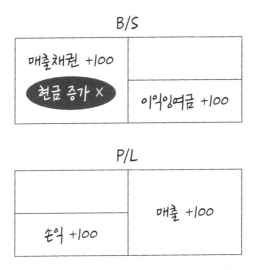

매출채권을 회수(현금화)하지 못해 자금 융통이 막혔기 때문에

확보에 실패해서 채무를 갚지 못했을 때 도산하는 거라네.

나 : 흑자인데 어째서 자금 확보에 문제가 생기는 걸까요?

파치올리 : 그 원인 중 하나가 매출채권의 부실화라네. 매출이 올라갈 수록 손익계산서상에는 이익이 늘어나지만 정작 회수하지 못하면 점점 수중의 현금이 바닥나고 도산에 이르는 걸세.

매출채권을 회수하지 못해서 도산한다니……. 영업성적도 물론 중요하지만 회수까지 고려해야 한다는 사실을 깨달았다.

회수는 빠르게 지급은 느리게

파치올리 : 재고든 매출채권이든 가능한 한 빨리 돈으로 회수하는 편이 좋지. 지급은 그 반대일세. 회수는 빠르게, 지급은 느리게 하면 현금 흐름에 여유가 생길 테니까.

나 : '회수는 빠르게, 지급은 느리게'. 그렇게 하면 자금에 여유가 생기겠군요.

파치올리 : 자금에 여유가 생기면 그 자금을 활용할 수 있지. 서둘러 회수하고 천천히 지급하는 전략은 새로 자금을 조달하는 것과 같은 효과라네.

나 : 자금 조달과 같은 효과라니 그게 무슨 뜻인가요?

파치올리 : 그야 자네, 빨리 회수하면 수중에 있는 돈을 투자해서 불릴 수 있지 않은가. 투자로 돈이 증가했으니 자금을 새로 조달한 거나 다름없지.

회수를 앞당기기만 해도 돈을 새로 조달하는 효과를 보게 되는구나. '회전율을 높인다'라는 말에 그런 뜻이 숨어 있었다니.

파치올리 : 회수 속도를 중시하지 않는 기업도 많지만, 외국계 기업[9]은

---

9) 매출 대금을 서둘러 회수함으로써 윤택한 자금 상황을 유지하지만, 거꾸로 생각하면 그만큼 거래처에 부담을 강요하고 있다는 뜻이기도 하다.

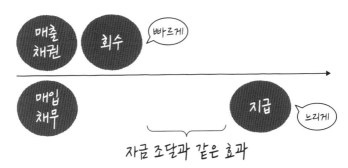

회수는 빠르게, 지급은 느리게?

회수는 빠르게, 지급은 느리게 하면 자금에 여유가 생긴다

꽤 철저하다네. 아마존이나 애플은 지급기한이 오기 몇 주 전부터 매출 대금을 회수한다고 하더군. 대단하지 않은가? 현금 흐름이 여유 있게 유지되니까 투자도 대담하게 진행하는 거겠지.

그러고 보니 얼마 전 거래했던 외국계 기업도 상당히 긴 지급기한을 제안해왔다. 그런 점도 외국계 기업의 강점인 걸까?

파치올리: 그렇다고 신용카드 따위의 대금 결제를 미루라는 뜻은 아닐세. 그쪽은 신용 유지를 위해서라도 빨리 처리해야 하지. 다만 '회수는 빠르게, 지급은 느리게'가 자금 조달과 같은 효과라는 것만은 기억해 두게나.

나: 잘 알겠습니다.

파치올리: 회전율이나 회전일수를 고려하는 것은 회계 수치에 시간 축을 대

입하는 것과도 같지. 이 시간 축은 굉장히 중요한 관점이라네. 비즈니스 현장에서 시간은 가장 큰 자원 중 하나니까.

시간이 최대의 자원이라. 확실히 그 말대로다.

파치올리: 같은 경영 판단을 내리더라도 타이밍에 따라서 결과는 천차만별이라네. 그리고 경영 판단을 실행에 옮기는 데는 돈이 들지. 돈을 빠르게 회전시키면 판단 타이밍을 놓치지 않을 수 있다네.

나: 경영에서 타이밍은 생명이죠.

파치올리: 경영 판단에는 반드시 자금 근거가 필요하지. 경영 전략과 재무 전략은 종이 한 장 차이라네. 자네가 매출채권이나 상품회전율을 높이는 방향으로 영업하면 회사의 경영 판단에도 이롭다는 말일세.

그저 실적만 달성하면 된다고 생각했다니, 나는 정말 시야가 좁았다.

시간 축을 의식하며 살아라

파치올리: 이 시간 축은 인생에서도 마찬가지일세. 자기개발을 예로 들어 볼까. 100만 원을 투자해서 무언가를 배웠다고 가정해 보겠네. 첫

번째, 배운 내용을 곧바로 활용해서 수입을 늘린다, 두 번째, 언젠가 도움이 되겠지 하고 내버려 두다가 3년쯤 흘렀을 무렵 수입이 늘어난 다. 자네라면 어느 쪽을 고를 텐가?

나: 당연히 첫 번째입니다.

파치올리: 누구에게 물어도 대답은 마찬가지일 걸세. 돈을 활용하는 동시에 시간 축을 의식해야 하지. 지금이 아니라도 '언젠가 성과를 내면 되겠지', '언젠가는 돈이 늘어나겠지' 하고 생각하는 게 아니라 회전율을 의식해서 빠른 속도로 가치를 만들고 돈을 불려야 하지. 성공한 사람은 시간을 소중히 여긴다네. 인생에서 가장 중요한 재산은 바로 시간이라는 사실을 자각하고 있는 거야.

나: 인생에서 가장 중요한 재산은 시간…….

내가 시간을 소중히 여긴 적이 있던가? 시간은 얼마든지 있다고 생각했다. 하지만 K 과장님처럼 성과를 내는 사람은 시간에 대한 감각도 어쩌면 나와는 다를지도 모르겠다.

파치올리: 시간은 돈으로 살 수 없기 때문이지. 그런데도 많은 이들이 시간으로 돈을 사고 있다네. 자신에게 주어진 시간을 쪼개 팔고 있는 셈이지. 그게 아니라 어떻게 주어진 시간의 생산성을 높이고, 얼마큼의 가치와 돈을 만들 수 있는가를 항상 의식해야 한다네.

나 : 그렇게 생각하니 왠지 위기감이 느껴지네요.

파치올리 : 지금부터라도 늦지 않았네. 오늘부터 시간 축을 의식해 보게나. 인생은 유한하니까.

인생은 유한하다……. 정말 중요한데도 깜빡 잊을 때가 많다.

파치올리 : 돈이 어떤 형태로 머물러 있다는 것은 그 돈을 묵히고 있다는 뜻이지. 모름지기 돈은 활용해야 한다네. 잘만 활용하면 굉장한 일을 해내니까.

나 : 저도 돈을 활용하고 싶습니다.

파치올리 : 돈을 잘 활용하면 누군가를 행복하게 할 수 있고, 다양한 문제를 해결할 수도 있으며 그 과정에서 돈을 벌 수도 있지. 일에서건 인생에서건 흐름을 상상하면서 돈을 활용하고, 가치로 바꾸어서 또다시 돈과 행복을 불려가는 걸세. 그리고 그 일련의 과정을 빠르게 회전시키는 것이 바로 돈과 시간을 효율적으로 활용하는 방법이지. 그런 마음가짐으로 일하고 인생을 살다 보면 자신은 물론 주변 사람도 행복해질 거라네.

나 : 그것도 회계 리터러시인가요?

파치올리 : 그렇지. 진정 회계의 지혜를 활용할 줄 아는 사람은 시간 축을 기준 삼아 어느 정도의 속도로 성과를 내고, 언제 성과를 돈으로 바꾸어야 하는가를 항상 의식하고 있다네.

물론 옳은 말이지만 속도만 따지다가는 숨 막히지 않을까? 그렇게 아등바등 살기는 싫다.

나: 시간 축도 물론 중요하겠죠. 하지만 그렇게 아등바등 살면 금방 지치지 않을까요?

파치올리: 그렇지 않다네. 시간 축을 의식하면 어느 정도의 속도로 성과를 내야 하는지 파악이 되니까 여유가 생기지. 시간 축을 의식하지 않는 사람일수록 '바쁘다'라는 말을 입에 달고 산다네.

그러고 보니 일 처리가 빠른 K 과장님이 허둥지둥하는 모습을 본 적이 없다. 오히려 느긋해 보이기까지 한다. 나도 그렇게 되고 싶다.

만들고 싶은 가치에 날짜를 써 보자

파치올리: 인적자본 B/S의 왼쪽에 무엇을 쓸지 생각해 봤는가? 어떤 가치를 만들고 싶은가에 대해서 말일세.

나: 죄송합니다, 일이 바빠서 손을 못 댔습니다.

파치올리: 자네는 좀 더 시간 축을 의식하는 습관을 들여야겠구먼. 중요하지만 급하지 않은 일일수록 우선해서 처리해야 한다네.

한 소리 들을 만도 하다. 모처럼 배운 내용을 실천하겠다고 다짐했는데 그새 어기다니.

파치올리: 그렇게 어두운 표정 짓지 말게나. 자책한다고 해서 해결될 일은 없으니까. 가벼운 마음으로 가 보자고.
나: 알겠습니다.

파치올리가 항상 느긋한 이유는 무엇일까? 시간 축을 의식하기 때문일까?

파치올리: 그럼 완벽하지 않아도 좋으니 만들고 싶은 가치를 떠오르는 대로 적어 보게나.
나: 알겠습니다.

대답은 했지만 머릿속이 새하얗다. 내가 만들고 싶은 가치? 살면서 하고 싶은 일?

파치올리: 먼저 어제 썼던 오른쪽 아래의 자기자본, 자네의 지식이나 경험을 바탕으로 생각해 보게.

한참 망설이는 나를 보다 못한 파치올리가 말했다.

나: 대학에서 배운 회계학, 파치올리 선생님께 배운 회계 리터러시 지식이 있고, 회사에서 4년 넘게 영업을 담당하고 있습니다.

파치올리: 바로 그거일세. 훌륭한 경험이 아닌가. 그럼, 일할 때는 언제 기쁨을 느끼는가?

일할 때 기쁨을 느끼느냐고? 그런 생각은 해본 적이 없는데.

나: 글쎄요, 역시 거래를 따냈을 때, 거래처에서 일 잘한다고 칭찬받았을 때, 고맙다는 말을 들었을 때일까요. 하지만…….

파치올리: 하지만 뭔가?

나: '정말 우리 회사의 시스템이 도움이 되는가?'라는 의문이 들 때도 있습니다.

실제로 제품을 써 보면 편리하긴 하지만 그다지 훌륭한 시스템이라는 생각도 들지 않는다. 자신 있게 추천하지 못하는 시스템을 고객에게 권해야 한다는 사실에 마음 한구석이 항상 불편했다.

제한을 두지 말고 '정말 하고 싶은 일'을 생각하라

파치올리 : 그렇군. 자네는 고객에게 도움이 되고 싶은 게로군.

나 : 그렇습니다. 하지만 지금 회사에서는 어려운 일이죠.

파치올리 : 정말인가? 지금 회사에서도 할 수 있는 일이 있지 않겠는가?

　지금 회사에서 할 수 있는 일이 있다고? 그게 정말일까?

　어쩌면 나는 자신의 가능성에 제한선을 긋고 쉽게 포기해 왔는지도 모른다.

파치올리 : 제한을 두지 말고 정말 하고 싶은 일이 무엇인지 생각해 보게나. 꼭 회사 일이 아니어도 좋고 자네 혼자서는 역부족인 일이라도 상관없다네. 타인자본, 즉 다른 사람의 힘을 빌리면 그만이니까. 다른 사람의 힘을 빌리면 못할 일이 없지.

나 : 다른 사람의 힘을 빌리면 못할 일이 없다, 정말 그렇네요.

파치올리 : 잘 듣게나. 자네의 가능성은 무한대라네. 하지만 자네가 무엇이든 가능한 사람이라는 소리가 아닐세. 누구든 할 수 있는 일과 없는 일이 있으니까. 다른 사람의 힘을 빌리면 가능성이 무한대가 된다는 뜻이지. 어떤가? 자네가 다른 사람의 도움으로 무엇이든 할 수 있게 된다면 무엇을 하고 싶은가?

나는 타인자본에 이름을 적은 이들의 얼굴을 떠올렸다.

나: 음, 먼저 파치올리 선생님께 배우고 있는 회계 리터러시를 활용해서 고객을 행복하게 하고 싶고요. 표현하기 어렵지만, 다른 이들을 반짝반짝 빛내 주고 싶습니다.

파치올리: 훌륭하군. 그 내용을 B/S의 왼쪽에 쓰게나. 그리고 무엇부터 하면 좋을지 날짜를 적는 걸세. 시간 축을 의식해야 하니까.

나: 알겠습니다. 하지만 전혀 감이 잡히지 않네요.

파치올리: 조급해 하지 말고 한 단계씩 나아가 보게나. 예를 들어, 알고 싶은 내용을 조사한다거나 누군가에게 질문한다거나 그런 사소한 일이라도 괜찮다네. 목표에 날짜를 적어 시간 축을 의식했다는 사실이 중요한 거니까.

나: 한번 해 보겠습니다.

나는 자산에 'K 과장님이 어떤 마음으로 영업하시는지 묻기', 'P 대리와 Y 대리에게 내 생각을 이야기해 보기', '직장 후배 H에게 회계 리터러시 가르쳐 주기'라고 쓰고 각각에 날짜를 적었다.

파치올리: 잘했네. 이제 쓴 대로 실천하기만 하면 되지. 목표를 하나씩 실천하다 보면 또 좋은 생각이 떠오를 테니 그때마다 B/S에 날짜와

나의 인적자원 B/S

자산	타인자본
회계 리터러시를 활용해 고객을 행복하게 한다	K 과장님
	친구 M
다른 사람이 빛날 수 있도록 돕는다	친구 S
	P 대리
K 과장님이 어떤 마음으로 영업하시는지 묻기 (10/15)	Y 대리
	부모님
	직장 후배 H
P 대리와 Y 대리에게 내 생각을 이야기해 보기 (10/17)	**자기자본**
직장 후배 H에게 회계 리터러시 가르쳐 주기 (10/18)	회계 지식
	영업 경험
	회계 리터러시

인생의 목표나 해야 할 일에 날짜를 적어 시간 축을 의식한다

같이 추가하면 된다네.

나: 알겠습니다.

내가 여러 사람과 힘을 합쳐 미래를 만들어 나가고 있는 듯한 기분이 들어 점점 가슴이 벅차올랐다. 태어나서 처음 느끼는 기분이다.

파치올리: **감사가 가장 중요하다네.** 타인자본에 이름을 적은 이들은 물론, 살아가는 데 많은 사람의 도움이 필요하다는 사실을 잊지 말게나.

나: 옳은 말씀입니다.

문득 물류팀은 도움이 안 된다고 말한 기억이 떠올랐다.

파치올리: 왜 그러는가?

나: 사실 재고가 모자란다는 말에 화가 나서 물류팀은 도움이 안 된다고 투덜댔거든요. 물론 상대에게 직접 말하지는 않았고요. 그 말을 K 과장님이 지적하셨어요.

파치올리: 지적받아도 싸구먼. 레버리지 활용을 잊었는가? 다른 사람의 힘이 필요할 때 사람을 도구나 수단처럼 생각하면 잘될 턱이 없다네.

그렇다. 나는 물류팀을 마치 도구나 수단처럼 여기고 있었다.

파치올리: 자네가 하는 일에도 물류팀의 힘이 꼭 필요할 걸세. 그에 대한 감사를 잊지 말게나. 감사의 대상이 쓸모없을 리 없으니까.

나: 네, 정말 그 말이 맞습니다.

나는 깊이 반성했다.

파치올리: 또 죽상이 됐구먼. 가볍게 생각하게나. 자네는 아직 젊고 지금부터 성장하면 되니까.

나: 시간 축만 생각하면 초조해져서요.

파치올리: 모순된 말처럼 들리겠지만 빠르다고 다가 아닐세. 느긋하게 때를 기다릴 줄도 알아야지. '기다리는 자에게 복이 온다'라는 속담도 있지 않은가.

그 속담은 이탈리아에도 있는 말인가?

파치올리: '진인사대천명(盡人事待天命)'이라는 말이 있지. 할 수 있는 일은 최선을 다해야 하지만, 할 수 없는 일은 조급해 하지 말고 때를 기다리라는 말일세. 특히 사람은 성장하는 데 오랜 시간이 걸린다네. 자신의 성장도 다른 사람의 성장도 천천히 믿고 기다리게나.

파치올리가 사뭇 진지하게 말했다.

파치올리: 어떤가, 방금 꽤 괜찮은 말을 했는데. 내일도 티라미수와 에스프레소 잊지 말게나.

나: 네? 내일도요?

파치올리: 당연한 소릴. 그렇게 맛있는 티라미수는 매일 먹어도 질리지 않지. 그럼 오늘은 이쯤 하겠네.

파치올리는 양치가 끝나자마자 침대에 누워 코를 골기 시작했다. 어쩜 저렇게 쉽게 잠들까.

나는 오늘 배운 내용을 노트에 적고 소파에 누워 담요를 덮었다.

4장 포인트

기업 활동이란 돈이 형태를 바꾸어 가는 긴 여정이나 다름없습니다.

조달한 돈은 건물, 비품 따위의 고정자산으로 변했다가 감가상각을 거쳐 비용이 되고, 급여, 수도광열비, 임차료로 쓰이기도 합니다. 또 상품이나 서비스가 팔린 만큼 매출원가라는 비용과 매출채권으로 모습을 바꾸었다가 다시 돈으로 돌아옵니다.

돈의 변화무쌍한 흐름을 상상하고, 어떻게 하면 돈이 회전하는 속도를 높일 수 있을까 의식하는 것이, 돈을 효율적으로 활용하는 방법의 핵심입니다.

또 '회수는 빠르게, 지급은 느리게'를 의식해 현금 흐름을 개선하는 일은 추가 자금 조달과 비슷한 효과가 있습니다.

그다지 중요하게 여기지 않는 기업도 많지만, 아마존이나 애플을 비롯한 외국계 기업은 이 점을 철저히 지킵니다. 규모가 큰 투자에 적극적으로 나설 수 있는 이유이지요.

물론 신용카드 대금 따위를 미루면 신용을 잃기 마련이니 일상생활에서는 투자한 돈을 회수하는 속도만 의식하면 되겠습니다.

앞장에서 설명했던 '조달한 돈에 든 비용 이상으로 돈을 벌 책임이 있다'라는 회계 리터러시의 관점에 시간 축이라는 개념을 더하면 돈을 효율적으로 활용하고 충실한 인생을 살 수 있습니다.

그리고 앞장에서 설명한 인적자본 B/S의 자산 부분에 자신이 하고 싶은 일, 만들고 싶은 가치를 쓰고 목표를 실행하기 위해 해야 할 일과 날짜를 적는 방법을 추천합니다.

파치올리의 말처럼 중요하지만 급하지 않은 일일수록 나중으로 미루기 쉬운데, 날짜를 함께 적으면 자연스레 시간 축을 의식하게 됩니다.

한편 다른 이의 성장을 느긋하게 지켜봐 주는 자세도 중요합니다. 특히 다른 사람의 힘을 빌리려면 감사하는 마음이 필요합니다. 감사와 기다림도 회계 리터러시의 핵심입니다.

4장 정리 노트

① 돈의 흐름을 이미지화하라
- 돈은 자산이나 비용으로 형태를 바꾸었다가 상품이 팔리면 다시 돈으로 돌아온다.
- 회전 속도를 높여라!
- 회수는 빠르게, 지급은 느리게
  → 자금 조달과 같은 효과

② 시간 축을 의식하며 살아라
- 만들고 싶은 가치에 날짜를 적어라.
- 한 단계씩 밟아나가자. 다른 사람의 힘을 빌리면 가능성은 무한대다!
- 감사를 잊지 말 것!
- 조급해 하지 말고 믿고 지켜보자.

제 5 장

손익구조 이해와
가치 창조

가격 인하를 해도 되는 제품, 안 되는 제품

파치올리를 만난 지 어느새 2주일이 지났다. 내 인생도 조금씩 변하기 시작했다.

낭비하지 않으니까 정말 좋아하는 데에 쓸 돈이 생겼고 훨씬 행복해졌다. 시간 축을 의식하는 습관이 생겼고 적립식 투자와 IRP도 시작했다.

이번 달은 평소보다 리볼빙 상환액을 올릴 예정이다. 일단 리볼빙을 전부 갚는 게 목표다. 금리가 15%라니 정말 터무니없는 숫자다. 그런 다음 열심히 공부해서 부동산이나 주식투자에도 도전해 볼 생각이다. 내 손으로 돈이 돈을 낳는 구조를 만들어 보고 싶다.

그리고 나는 B/S에 적은 날짜대로 해야 할 일을 조금씩 실행에 옮겼다.

K 과장님께 어떤 마음으로 영업하고 계시는지 물었더니, 점심을 사겠다 하셔서 1시간 동안 천천히 이야기를 나누었다. 함께 일한 지 4년이 넘었지만 과장님의 생각을 제대로 들어본 적은 처음이다. 다른 사람의 생각을 듣는 일이 이렇게 즐거웠던가?

동료인 P 대리, Y 대리와는 술을 마시면서 내 생각을 전했다. 처음에는 장난으로 받아들이던 두 사람 모두, 진지하게 이야기하니 귀를 기울여 주었다.

그리고 직장 후배인 H에게는 내가 파치올리에게 배운 회계 리터러시의 지혜를 알려 주었다. H가 워낙 이해가 빠르기도 했지만 누군가에게 지식을 전달하고, 성장을 지켜보는 일은 굉장히 보람 있다. 어쩌면 나는 다른 사람을 가르치는 일이 적성에 맞는지도 모르겠다.

또 놀라운 일이 일어났다. 2주가 걸린다고 했던 A 물산의 서버가 5일 만에 입고되어 약속했던 날짜에 납품을 마친 것이다. 나는 그저 물류팀에 감사하는 마음을 가졌을 뿐이다. 혹시 K 과장님이 도와주신 걸까?

요즘 들어 일이 정말 재미있다. 파치올리가 말했듯이 아직 이 회사에서 내가 할 수 있는 일이 남아 있다. 저번 달 영업 실적이 신통치 않았으니 이번 달에야말로 눈에 띄는 성과를 내야겠다고 다짐했다.

업무 준비를 하는 내 곁에 K 과장님이 다가와 말을 걸었다.

K 과장 : 요즘 열심이네.

나 : 네! 과장님께서 회계 리터러시를 알려 주신 후로 일이 재밌어졌습니다.

K 과장 : 그거 다행이네. 이번 달은 1등도 가능하겠는데?

나 : 열심히 하겠습니다!

이번 달도 앞으로 5일 남았다. 이만하면 월간 MVP를 독차지하던 동료의 기록을 넘볼 만하다. 첫 MVP 달성도 꿈이 아니다. 모든 것은 오늘 영업에 달려 있다. 나는 비장한 마음으로 거래처 T 상사로 향했다.

T 상사 : 저희에게는 고객 검색 기능이 뛰어난 소피아가 적합할 듯합니다.

소피아를 골랐군. 소피아는 이번에 새롭게 출시한 영업 지원 시스템으로 다른 회사의 소프트웨어를 커스터마이즈[1]한 제품이다.

솔직히 의외였다. 자체 개발한 머큐리가 가장 잘 팔리는 제품이기 때문이다. 하지만 잘 생각해 보니 T 상사에는 소피아의 고객 검색 기능이 꼭 필요했다.

나 : 네, 그 밖에도 편리한 기능이 많습니다.

나는 제품 자료를 펼쳐서 소피아만의 기능적 특징을 중심으로 설명했다.

T 상사 : 이번에 시스템 도입을 검토하고 있는데 예산이 많지 않습니다.

---

1) customize: 용도나 환경에 맞게 제품의 외양, 기능, 구성 따위를 변경하는 것.

역시 그렇게 나오는군. T 상사의 수익률 추이를 미리 분석하고, 수익성을 개선시키기 위해서는 시스템을 도입해야 한다고 적극적으로 제안하면서 신뢰를 쌓아 왔다. 이쯤에서 과감하게 가격 협상을 제안하면 계약이 성사될 가능성이 크다.

나 : 구체적으로 어느 정도를 예상하시는지요?

T 상사 : 글쎄요. 한 25% 정도 다운된다면 저도 결재를 올려 보겠습니다.

나 : 25%라…….

나는 팔짱을 끼고 고민했다. 얼마 전 다른 거래처에서 머큐리를 30% 낮춘 가격으로 계약했다. 이번 제품은 소피아지만 25% 정도라면 가능하지 않을까? 눈앞의 계약 금액은 줄어들겠지만 이번에 T 상사와 거래를 트게 된다면 장기적으로 봤을 때는 이득이다.

나 : 알겠습니다. 그렇게 저도 윗선을 설득해 보겠습니다.

T 상사 : 감사합니다. 잘 부탁드립니다.

나 : 꼭 기대에 답해드리겠습니다.

이제 됐다. 이 안건만 성사되면 이번 달 MVP는 따 놓은 당상이다. 나는 기분 좋은 예감을 안고 회사로 돌아왔다.

나: 과장님, T 상사 계약할 것 같습니다.

K 과장: 정말? 그 T 상사가?

나: 네, 소피아의 가격을 25% 인하하는 조건이지만요. 25% 인하해서라도 계약을 따야 하지 않을까요?

　　내가 그렇게 말하자 과장님의 얼굴이 흐려졌다.

K 과장: 소피아를 25% 인하한다고?

나: 네, 얼마 전에 머큐리를 30% 인하한 적이 있으니까 이번에도 괜찮겠죠?

K 과장: 아니, 안 돼.

　　내가 잘못 들었나? 지금은 밀어붙여야 할 때가 아닌가?

나: 왜죠? 어째서 머큐리는 되고 소피아는 안 된다는 겁니까? 어느 쪽이든 이익률은 큰 차이가 없을 텐데요.

K 과장: 같은 이익률이라도 공헌이익률[2]이 달라. 소피아 도입 연수에서도 가격 인하는 기본적으로 불가능하다고 했는데. 못 들었어?

---

2)　매출액 중에서 공헌이익이 차지하는 비율. 매출이 1 증가할 때마다 공헌이익이 얼마 증가하는가를 보여 준다.

소피아 도입 연수라……. 그러고 보니 연수 전날 늦게까지 술을 마신 바람에 도중에 졸았던 기억이 난다. 그렇게 중요한 내용을 흘려듣다니 한심하기 짝이 없다.

나 : 죄송합니다. 그 부분을 못 들었나 봅니다.

K 과장 : 보아하니 졸았나 보네. 정신 차려야지. 소피아를 25%나 인하하면 공헌이익은커녕 마이너스가 되어서 팔면 팔수록 적자라고.

나 : 헉, 팔면 팔수록 적자라고요? 어째서죠?

나는 혼란스러웠다. 게다가 T 상사와 애써 신뢰를 쌓았는데 이제 와 말을 번복하자니 참 난감하다.

나 : T 상사에는 가격 인하가 가능하다고 말씀드렸는데 어떻게 하면 좋을까요?

새파랗게 질려 있는 내 어깨를 과장님이 두드려 주셨다.

K 과장 : 지금 바로 T 상사에 다녀오자. 25% 인하는 불가능하다고 말씀드려야지. 걱정하지 마. 내가 수습할 테니까.

나 : 헉, 정말이신가요?

K 과장: 이런 일일수록 서둘러야 해. 왜 가격 인하가 안 되는지는 나중에 설명할게. 뭘 꾸물거리고 있어? 얼른 가자.

말이 끝나기가 무섭게 과장님은 가방을 들고 사무실을 나섰다.

얼마나 멋진 분이신가. 표현은 직설적이고 엄할 때도 있지만 정말 듬직한 분이다. 나도 K 과장님처럼 부하의 실수를 감싸줄 수 있는 상사가 되고 싶다.

가격 인하와 공헌이익의 관계

K 과장님이 나서 주신 덕분에 T 상사와의 관계는 틀어지지 않았다. 정말 다행이다. 잘못하면 큰 실수를 할 뻔했다.

나: 정말 감사합니다. 과장님 덕분에 살았습니다.

사무실에 돌아온 나는 다시 한번 과장님에게 머리를 숙여 감사 인사를 드렸다.

K 과장: 신경 쓰지 마. 적극적으로 제안한 점은 좋았어. 하지만 모처럼

회계 리터러시를 배웠으니까 제품의 손익구조나 공헌이익[3]을 미리 파악해 두면 좋겠지.

공헌이익? 배운 적이 있는 것 같기는 한데 뭐였더라?

나: 저, 공헌이익이 무슨 뜻인가요?

K과장: 요즘 공부하는 것 같더니 공헌이익을 모른다고?

나: 면목 없습니다.

어디선가 화이트보드를 끌고 온 과장님이 그림을 그리면서 설명하기 시작했다.

K과장: 공헌이익은 매출액에서 **변동비**[4]를 뺀 값이야. 변동비는 재료비처럼 매출에 비례해서 변동하는 비용을 말하지. 매출액과 변동비는 판매량에 비례하니까 공헌이익도 판매량에 따라 증가하고. 여기까지 이해했어?

나: 네, 이해했습니다.

K과장: 그럼 머큐리의 손익구조를 살펴볼까? 머큐리는 자체 개발한

---

3) 매출액(제품 가격)에서 변동비를 뺀 값. '한계이익'이라고도 한다.

4) 매출의 증감에 비례해서 늘어나거나 줄어드는 비용.

'공헌이익'이란?

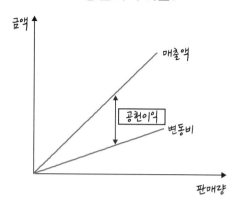

공헌이익=매출액−변동비

제품이니까 연구개발비[5], 즉 고정비[6]가 비용 대부분을 차지하고 상대적으로 변동비가 적기 때문에 공헌이익이 많다고 할 수 있지.

나: 그렇군요.

K 과장: 그러니까 머큐리는 가격을 낮추어도 충분한 공헌이익이 확보되는 거야. 공헌이익만 확보되면 이익률이 떨어지더라도 판매량을 늘려서 이익을 높이면 되지. 예를 들어, 판매가를 80%나 낮추어도 공헌이익이 확보된 상황이라면 판매량을 늘려서 이익을 메꾸면 돼. 물론

---

5) 새로운 제품·기술 등을 연구·개발하는 데 드는 비용. 이 책에서는 공헌이익의 개념을 소개하기 위한 목적이므로 연구개발비의 회계 처리에 관한 내용은 자세히 다루지 않는다.

6) 매출 증감과 상관없이 일정하게 발생하는 비용.

머큐리의 손익구조

매출액	변동비	
	공헌이익	고정비
		이익

고정비가 많고 변동비가 적으므로 공헌이익이 많다

⬇

가격을 낮추어도 공헌이익을 충분히 확보할 수 있다

손익분기점[7]이 급격히 높아지니까 그 정도로 대폭 인하하는 경우는 없지만 말이야.

나: 80%나 싸게 팔았는데 어떻게 이익이 날 수가 있죠?

왜 소피아는 25% 인하하면 적자가 되고 머큐리는 80%나 인하해도 괜찮다는 걸까? 두 제품 다 이익률에는 큰 차이가 없는데.

K과장: 그럼 알기 쉽게 숫자로 설명할게. 머큐리의 판매가가 1만 원, 변

---

7) 일정 기간의 매출액이 같은 기간의 총비용과 일치하게 되는 매출액 또는 판매량. 손익분기점을 밑돌면 적자, 웃돌면 흑자라고 한다.

동비가 1,000원, 고정비가 9만 원이라고 가정했을 때 공헌이익은 1개당 9,000원이 되겠지. 머큐리를 10개 이상 팔았을 때가 고정비를 회수하고 이익이 발생하는 시점인 거야.

과장님이 화이트보드를 가리키며 말했다.

K 과장: 머큐리를 80% 인하해서 2,000원에 팔았다고 해 보자. 그래도 변동비는 1,000원으로 같으니까 공헌이익을 1,000원 확보할 수 있지. 이익률은 대폭 줄겠지만, 머큐리를 90개 이상 팔면 고정비 9만 원을 회수하고 이익이 발생하는 거야. 극단적인 예시지만 80%를 할인해도 판매량이 9배 이상으로 예상된다면, 80% 인하라는 판단도 내릴 수 있다는 말이지. 실제로는 가격 인하에 따른 브랜드 이미지 훼손이라든가 기존 고객에게 미치는 영향 등 여러 가지 따져 봐야겠지만.

나: 그렇군요. 변동비가 적으니까 80%를 깎아도 공헌이익이 확보되는군요.

K 과장: 하지만 소피아는 다른 회사의 시스템을 커스터마이즈한 거라 비용 대부분을 로열티 사용료, 즉 변동비가 차지하고 있어. 공헌이익이 적으니까 값이 내려갈수록 공헌이익에 미치는 영향이 클 수밖에 없지. 25%나 가격을 낮추면 공헌이익이 거의 0이 될 거야. 공헌이익이 0 혹은 마이너스인 제품은 절대로 팔면 안 돼. 왜인지는 말하지 않아

왜 머큐리는 가격을 인하해도 될까?

1만 원에 팔았을 때

	변동비 1,000원
판매가 1만 원	공헌이익 9,000원

고정비 9만 원

공헌이익이 9,000원이므로 10개 이상 팔면
고정비가 회수되고 이익이 발생한다

80% 인하해서 2,000원에 팔았을 때

	변동비 1,000원
판매가 2,000원	공헌이익 1,000원

고정비 9만 원

공헌이익이 1,000원이므로 90개 이상 팔면
고정비가 회수되고 이익이 발생한다

머큐리는 변동비가 적으므로 가격을 인하해도 공헌이익을 확보할 수 있다

소피아의 손익구조는?

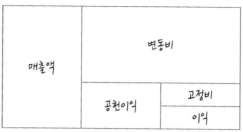

변동비가 많고 공헌이익이 적다

가격 인하가 공헌이익에 미치는 영향이 크다

도 알겠지?

나 : 아무리 팔아도 고정비를 회수하지 못하겠네요.

K 과장 : 그래 맞아. 소피아의 판매가가 1만 원, 변동비가 8,000원, 고정비가 2만 원이라고 가정했을 때 공헌이익은 1개당 2,000원이지. 머큐리의 예와 마찬가지로 10개 이상 팔면 이익이 발생하는 셈이야.

나 : 맞습니다.

K 과장 : 하지만 소피아를 20% 인하해서 판매가를 8,000원으로 잡으면 공헌이익이 0이 되겠지. 공헌이익이 0인 제품은 아무리 팔아 봤자 이익이 0이고, 고정비는 영원히 회수하지 못하니까 적자가 되는 거야. 그러니 25% 인하해서 7,500원에 팔면 어떻게 되겠어? 팔면 팔수록 적

왜 소피아는 가격을 인하해선 안 되는 걸까?

1만 원에 팔았을 때

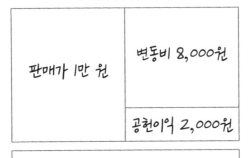

| 판매가 1만 원 | 변동비 8,000원 |
| | 공헌이익 2,000원 |

| 고정비 2만 원 |

공헌이익이 2,000원이므로 10개 이상 팔면
고정비가 회수되고 이익이 발생한다

20% 인하해서 8,000원에 팔았을 때

| 판매가 8,000원 | 변동비 8,000원 |

공헌이익 0원

| 고정비 2만 원 |

공헌이익이 0이므로 몇 개를 팔아도
고정비를 회수하지 못하고 적자다

소피아의 판매가를 20% 이상 인하할 경우 팔면 팔수록 적자가 된다자가 쌓이는 거지.

나는 다시 한번 머리를 숙였다.

K 과장: 그렇게 풀 죽지 마. 연수 때 졸지나 말고.

나: 네. 정말 감사합니다.

이번에는 K 과장님 덕분에 무사히 넘어갔지만 역시 회계 지식은 정말 중요하다. 파치올리와 만나고 회계의 지혜를 배운 일이 새삼 감사하게 느껴졌다.

몇 백만 원짜리 항공권이 공짜가 되는 이유

티라미수와 에스프레소를 사 들고 집에 돌아오니 파치올리가 책상에 앉아 회계학 교과서를 읽고 있었다.

파치올리: 오, 왔는가. 이 책 꽤 정리가 잘 되어 있더군. 마음에 들어.

나: 대학에서 교과서로 쓴다기에 3만 원이나 하는 책을 처음 사 봤습니다. 몇 번 펼쳐 보지도 않았지만요.

파치올리: 이렇게 좋은 책은 꼼꼼히 읽어야 한다네.

파치올리는 자신의 업적이 소개된 페이지를 빨간 펜으로 큼지막하게 표시하고 '회계의 아버지'라는 부분에도 밑줄을 그어 놓았다.

파치올리: 어떤가. 회계 리터러시가 도움이 좀 되는가?

나: 네. 하지만 오늘도 큰 실수를 했습니다.

파치올리: 큰 실수? 또 무슨 짓을 저질렀기에?

감추어 봤자 어차피 다 들킬 테니 솔직하게 털어놓자.

나: 공헌이익의 개념도 모르고 섣불리 가격 협상을 제안했거든요.

파치올리: 아하. 팔 생각만 했던 게로군. 무조건 자네 잘못이네.

나: 맞습니다. 하지만 K 과장님께서 도와주셨어요. 발 벗고 사태 수습에 나서 주셨습니다. 정말 감사했어요.

파치올리: 좋은 상사를 만났구먼. 감사를 잊지 말게나.

파치올리가 눈물을 머금었다. 보기보다 의리와 인정에 약한지도 모르겠다.

파치올리 : 기운 내고 티라미수부터 먹지. 에스프레소가 다 식겠네. 사양 말고 들게나.

　사 온 건 나인데……. 뭐 아무렴 어떤가.

파치올리 : 티라미수의 달콤함과 에스프레소의 쓸쓸함의 조화가 아주 환상적이지.

　저번과 똑같은 감상이다. 매일 먹는데 질리지도 않나?

파치올리 : 이야, 맛있다. 매번 고맙네. 잘 먹었어. 그러고 보니 자네 공헌이익이 어쩌고 했지. 오늘 마침 손익구조에 관해 이야기하려고 했던 참이니 잘 됐군. 공헌이익은 다 이해했겠지?

나 : 아마 이해했을 겁니다. 오늘 영업한 제품은 변동비가 많아서 공헌이익도 적었거든요. 그것도 모르고 섣불리 가격을 낮추었더니 이익이 0이 되는 바람에…….

파치올리 : 공헌이익이 0이 될 때까지 가격을 낮추다니 큰일 날 뻔했구먼. 그런데도 K 과장이 화도 안 내고 자네를 도와주었다고? 정말 좋은 사람 아닌가.

파치올리가 또다시 눈물을 글썽였다.

나 : 맞습니다. 변명처럼 들리겠지만 저번에 판매했던 제품은 공헌이익이 커서 가격 인하를 해도 문제가 없었거든요.

파치올리 : 그거야 변명이지. 손익구조를 파악하지 않았던 자네 잘못이야.

나 : 이번 일로 손익구조 파악이 정말 중요하다는 사실을 깨달았습니다.

파치올리 : 손익구조를 알게 되면 제품이나 서비스가 다르게 보일 걸세. 비행기 마일리지를 예로 들어 볼까. 마일리지를 모으면 항공권이 공짜가 되기도 하지 않은가.

나 : 제 친구도 마일리지를 모아서 이곳저곳 여행하더라고요.

파치올리 : 비행기는 고정비 덩어리라네. 변동비라고는 기내식 정도지. 즉, 공헌이익이 크니까 마일리지를 공짜 항공권으로 교환해도 타격이 없고, 고객이 적극적으로 비행기를 이용해 주니까 오히려 남는 장사라네.

몇 백만 원짜리 항공권이 공짜가 되는 데도 이유가 있었구나.

파치올리 : 그 밖에도 영화를 3번 보면 1편 공짜라든가, 한 세대 전 만화나 게임을 무료로 배포한다거나 가입하면 100만 원어치 동영상 강의를 무료로 제공한다는 말도 다 같은 이치라네. 제작비가 들지만 완

비행기의 손익구조는?

항공권	기내식 등	
	공헌이익	감가상각비 연료비 인건비 그 외
		이익

고정비가 대부분을 차지하므로 공헌이익이 크다

항공권을 공짜로 주어도 큰 타격이 없다

성하고 나면 공짜나 다름없이 복제할 수 있으니까.

나: 그렇군요. 100만 원어치 무료 제공이라니 참 통이 크다고 생각했습니다.

파치올리: 자네, 어디 가서 호구되기 딱 좋았군. 손익구조를 따져 보지 않으면 속을 수도 있다네.

예전의 나라면 광고에 혹해서 깜빡 속았을지도 모른다. 역시 아는 것이 힘이다.

나: 그럼 할인 행사나 아웃렛에서 하는 50%나 70% 할인도 의문이네

할인 행사의 손익구조는?

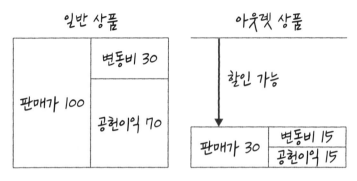

할인 행사나 아웃렛 판매를 예상해서 품질을 떨어트려
변동비를 낮추고 공헌이익을 확보한다

요. 재료비 같은 변동비가 많이 들어서 공헌이익도 적을 텐데 혹시 적자 아닌가요?

파치올리: 그런 종류의 상품은 처음부터 할인 행사나 아웃렛 판매를 목적으로 품질을 떨어트려서 공헌이익을 확보하는 경우가 많다네.

70% 할인이라니 횡재했다고 좋아했는데 처음부터 할인을 전제로 만든 물건이었다니…….

나: 저는 항상 할인율이 높은 물건을 골라서 샀습니다. 그래야 득을 본 기분이 들었거든요. 하지만 별로 의미 없는 일이었네요.

파치올리 : 할인 상품에 적힌 정가는 의미가 없다네. 할인율에 속지 말고 물건의 가치를 품질로 판단해야지.

가격에 좌우되지 말고 물건의 가치를 스스로 판단해야 한다는 사실을 잊지 말아야겠다.

파치올리 : 공헌이익이라는 개념은 부기를 공부할 때 잘 다루지 않기도 하고, 손익계산서에도 변동비와 고정비가 나뉘어 있지 않아서 모르고 지나치기 쉽다네.

나 : 손익계산서에 나와 있지 않나요?

파치올리 : 손익계산서는 경영 활동을 기업 외부에 공개하기 위한 **재무회계**[8]에 속한 자료고, 공헌이익은 경영 관리를 위한 **관리회계**[9] 쪽 개념이지. 회사에 따라서는 **공헌이익 손익계산서**[10]와 같은 내부용 자료를 작성하기도 하지만 외부에는 공개하지 않는다네.

나 : 그럼 어떻게 하면 되나요?

파치올리 : 외부에 보고하기 위한 재무회계와 경영 관리를 위한 관리회계는 목적이 다르지. 주식투자를 고려할 때 회사의 수익성도 따져 봐

---

8) 기업 외부의 이해관계자(주주, 채권자, 정부 등)에게 회계 정보를 제공하기 위한 회계.

9) 기업 내부의 경영자에게 의사결정에 필요한 회계 정보를 제공하기 위한 회계.

10) 매출원가와 비용을 변동비와 고정비로 분류한 손익계산서.

야 하지만, 공헌이익까지 파악할 수는 없고 거기까지 알 필요도 없다네. 다만 자기 사업을 하거나 영업할 때는 각 상품과 사업의 공헌이익을 꼭 알아 두어야 하지.

나: 명심하겠습니다.

나는 오늘의 실패를 떠올리며 고개를 끄덕였다.

이익을 증가시키기 위한 세 가지 전략

파치올리: 공헌이익에서 고정비를 뺀 값이 영업이익이라네. 그러니까 이익을 늘리려면 판매가를 올리든 변동비를 낮추든 해서 공헌이익을 늘리거나 고정비를 줄이거나 판매량을 늘려야 하지. 이 중에 하나만 달라져도 다른 항목이 영향을 받는다네.

파치올리가 '공헌이익 늘리기', '고정비 줄이기', '판매량 늘리기'라고 노트에 적었다.

나: 그렇게 정리하니까 알기 쉽네요. 자기 사업을 하는 사람이라면 꼭 알아야겠어요.

'이익을 증가시키기 위한 세 가지 전략'이란?

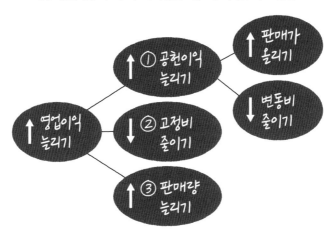

한 가지가 변하면 다른 항목이 영향을 받는다

파치올리 : 자네 설마 사업이라도 해 볼 작정인가?

나 : 지금 당장은 아닙니다. 회계 리터러시를 알게 된 덕분에 회사 일이 재밌어진 참인 걸요. 하지만 인적자본 B/S를 만들면서 가치에 대해 생각하다 보니 언젠가는 사업을 해 봐도 좋겠다 싶어서요.

파치올리 : 좋은 생각일세. 언젠가 사업체를 일구어 보게나. 다만 조급해 할 필요는 없다네.

당장 회사를 차리라고 권할 줄 알았는데 의외로 신중한 대답이 돌아왔다.

나: 하지만 시간 축을 의식하라고 하시지 않았나요?

파치올리: 자네더러 조급해지라고 시간 축을 의식하라고 말한 것이 아니네. 사업은 그렇게 간단한 일이 아니니까. 많은 준비가 필요하지.

시간 축이라고 들으면 왠지 서둘러야 할 것 같지만 무작정 속도만 높여서는 안 되는구나.

나: 우리 회사도 작년부터 부업이 허용[11]되었습니다. 뭐라도 좋으니 부업을 해 보고 싶지만 딱히 계획이 없어서요.

파치올리: 영혼이 기뻐하는 일을 하게나.

나: 여, 영혼이 기뻐하는 일이요?

파치올리: 인생은 한 번뿐이지 않나. 영혼이 기뻐하고 생명이 빛날 만한 가슴 뛰는 일을 찾아야 한다네.

가슴 뛰는 일이라. 솔직히 잘 모르겠다.

나: 선생님께 배운 회계 리터러시를 직장 후배에게 알려 주었는데 꽤

---

11) 한국에서는 정규직 근로자의 부업·겸업에 관한 규정이 없고 관행상 금지하는 기업도 많지만, 고령화와 인력 부족을 경험하고 있는 국가에서는 근로 방식 개혁의 일환으로 근무환경과 관련 법령 정비를 추진하고 있다. 일본 정부는 노동 유연성을 강화하기 위해 부업·겸업 금지 해제를 선언했다. 2018년 1월 후생노동성은 현행 '모델취업규칙'을 개정해 '허가 없이 다른 회사 등의 업무에 종사하지 말 것'이라는 규정을 삭제하고 부업·겸업을 원칙적으로 허용하기로 했다.

재미있더군요. 그래서 지식을 알려 주거나 다른 사람의 성장을 돕는 일도 좋을 것 같은데 아직 잘 모르겠습니다.

파치올리 : 쉽게 찾아지지 않겠지. 그러니 초조해 하지 말고 이것저것 해 보라는 걸세. 어떤 일에 가슴이 뛰는지 머리로만 생각해서는 알 수 없으니 직접 시도해 봐야 한다네.

파치올리의 말대로다. 해 보지도 않고 어떻게 알겠는가.

파치올리 : 서둘러 독립할 필요는 없지만 부업은 도전해 보게. 변화무쌍한 세상에서 회사 일밖에 하지 않는 것은 거꾸로 위험하다네. 여러 가지 일을 경험하면서 노동소득은 물론 불로소득도 포함한 몇 가지 수입원을 만들어야 하지. 수입원이 여러 개 있으면 어느 하나가 잘못되더라도 다른 곳에서 메꿀 수 있고 수입도 안정될 테니까.

나 : 지금은 그런 시대군요.

파치올리 : 당연하지. 회사가 사원을 끝까지 책임져 주지 않는다네. 일본에서도 종신고용이 붕괴[12]했다고 하더군. 얼마 전까지만 해도 50대에 집중되었던 조기퇴직이 지금은 40대까지 내려갔지. 직장인들도 회사에 의존하지 말고 스스로 돈을 벌 능력을 갖추어야 한다네.

---

12) 2019년 5월, 일본경제단체연합회 나카니시 히로아키 회장, 토요타 자동차 도요다 아키오 사장 등 일본 경제계의 주요 인사들이 연이어 종신고용 재검토를 언급했다.

그 점은 나도 느끼고 있다. 언제까지나 회사에 기댈 수 있는 시대가 아님은 틀림없다.

나: 그런 말을 들으면 역시 초조해지네요.

파치올리: 아까도 말했지만 초조해 할 필요 없다네. 창업하면 실감하겠지만 매달 월급을 받았던 일이 감사하게 느껴지지. 그러니 직장인인 지금은 회사에서 자본비용 이상의 돈을 만들어 내는 데 공헌하고, 혼자 힘으로도 가치와 돈을 낳을 수 있도록 성장해야 하지. 그 첫걸음으로 부업을 시작해 보라는 말일세.

나: 파치올리 선생님은 의외로 신중하시군요.

파치올리: 지금 바로 퇴사해서 창업한다 해도 말리지는 않겠네. 나는 무모한 도전도 좋아하니까. 어떤 선택을 하건 죽을 때 후회하지만 않으면 된다네. 사람이란 한 일보다 안 한 일을 더 후회하는 법이니까. 안 하고 후회하느니 하고 후회하는 게 낫지.

나는 죽을 때 후회하지 않는 삶을 살고 있을까? 그리고 또 한 가지 의문이 생겼다. 파치올리는 신중한 걸까, 대담한 걸까?

파치올리: 전력투구하는 자세가 중요하다네. 그러기 위해서라도 수입원을 여러 개 가지고 있는 편이 좋지. 무일푼이 될까 두려워 도전을 주저하

게 되지만, 먹고사는 데 지장이 없는 상태라면 마음 놓고 도전할 수 있으니까 말일세.

나: 파치올리 선생님은 신중한 분인지 대담한 분인지 궁금했는데 수입원이 여러 개 있을 때 비로소 대담하게 도전할 수 있는 거군요.

파치올리: 바로 그거일세. 그럼 아까 말했던 이익을 증가시키기 위한 세 가지 전략에 대해 알아볼까. 회사 업무는 물론 자기 사업을 할 때도 도움이 될 만한 내용이라네.

나: 네, 부탁드립니다!

① 공헌이익 늘리기

파치올리: 이익을 증가시키기 위한 첫 번째 전략은 공헌이익 늘리기라네. 공헌이익을 늘리려면 변동비를 줄이거나 판매가를 올려야 한다고 했던 말 기억하는가?

나는 파치올리의 설명을 떠올리며 고개를 끄덕였다.

파치올리: 변동비를 줄이려면 어떻게 하면 좋을 것 같나?

나: 변동비 중에서도 재료비가 대부분을 차지하니까 구매처와 가격

협상을 해 보면 어떨까요?

파치올리: 괜찮은 생각이군. 구매처와 협상하거나 단가가 싼 구매처를 찾는 것도 한 방법이지만, 무리해서 변동비를 낮추게 되면 품질이 떨어질 수 있으니 주의해야 하네.

나: 역시 싼 게 비지떡일까요?

파치올리: 싸면서 품질까지 좋은 재료가 있다면야 더할 나위 없겠지. 허나 가격과 품질은 대체로 비례한다네. 싸게 팔겠다고 품질을 떨어뜨렸다가 고객이 멀어지면 본전도 못 찾는 셈이라네.

나 역시 품질을 떨어뜨리면서까지 싸게 팔고 싶지는 않다.

파치올리: 간혹 상대적으로 힘이 센 기업이 터무니없는 단가를 요구하기도 하지. 눈앞의 이익이야 늘어날지도 모르지만 길게 봤을 때 전혀 득이 되지 않는다네. 모두 함께 공존공영해야 비즈니스가 오래 가는 법이지.

나: 저도 그렇게 생각합니다.

대기업이 중소기업에 압력을 가해 무리하게 단가를 낮춘다는 말을 들으면 화가 난다. 파치올리도 나와 같은 생각이라니 안심이 된다.

파치올리: 그래서 공헌이익을 늘릴 때는 변동비를 낮추기보다도 판매가를 올리는 방향으로 생각하는 편이 좋다네. 그럼 판매가를 올리기 위해서는 어떻게 하면 좋겠나?

나: 판매가를 올린다고요? 음, 쉽지 않겠지만 상품의 가치를 높여야 하지 않을까요?

파치올리: 그렇지. 가치가 높으면 아무리 비싸도 팔리게 되어 있다네. 가치가 낮으면 아무리 싸도 고객에게 외면 당하겠지. 간단한 이치일세.

나: 잘 알겠습니다.

가치를 창조하라

파치올리: '가치'라는 말이 나온 김에 잠깐 짚고 넘어가겠네.

파치올리가 진지한 얼굴로 말했다.

파치올리: 일이란 가치를 창조하는 것일세.

나: 지금까지 그 말씀을 여러 번 하셨죠.

파치올리: 일이란 회사나 개인의 강점을 활용해서 어떠한 가치를 창조하는 과정이지.

이렇게 여러 번 강조하는 걸 보면 그만큼 중요하다는 뜻이 아닐까 싶다.

파치올리: 그럼 묻겠네. 자네는 '가치'가 뭐라고 생각하나?

나: 우리 회사를 예로 들자면 고객사가 안고 있는 과제를 시스템으로 해결하는 일이라고 생각합니다.

파치올리: 잘 말해 주었네. 문제해결이 바로 가치가 되지. 예를 들자면, 귀찮은 일을 대신 해 주는 걸세. 점점 AI가 많은 부분을 대체하는 시대가 되겠지만 말이야. 그 밖에 전문성이나 편리함이라는 가치도 있다네.

나: 맞습니다.

파치올리: 이제부터는 '더 잘살고 싶다'라는 욕구에 부응해야 한다네. 물건과 서비스가 넘쳐나는 세상이니만큼 '더 행복하게', '더 건강하고 아름답게', '더 풍요롭게' 살 수 있도록 삶의 질을 높이는 가치가 중요해지고 있지.

의식주가 충족되고 나면 인간은 더 높은 가치를 원하기 마련이다. 그런 가치를 우리 회사와 나는 고객에게 제공하고 있을까?

나: 행복해지는 가치를 제공한다니 정말 멋진 일이네요. 하지만 제가 하는 일이 누군가의 행복과 관련이 있는지 잘 모르겠습니다.

파치올리 : 누구나 다른 사람의 행복에 공헌할 수 있다네. 본인 하기 나름이지. 어떤 일을 하느냐에 따라 방식은 다르겠지만 말이야. 상대방의 행복을 바라는 마음으로 일한다면 그것이 가치가 되고 이익이 된다네.

② 고정비 줄이기

파치올리 : 자 그럼, 두 번째 전략인 고정비 줄이기에 대해 알아보겠네. 인건비, 임차료, 수도광열비, 접대비, 리스료, 광고선전비, 감가상각비 등이 대표적인 고정비지.

나 : 매달 나가는 금액이 고정된 비용이라는 뜻이죠?

파치올리 : 고정된 비용이라기보다는 매출에 연동하지 않는 비용이라네. 광고선전비도 매달 늘었다 줄었다 하지 않은가? 하지만 매출 변화에 따른 증감이 아니니 고정비인 걸세. 엄밀히 따지자면 매출과 연동한 광고비는 변동비가 되겠지.

그렇다면 매달 똑같은 금액이라는 뜻이 아니구나.

파치올리 : 광고선전비에 얼마나 투자할지 판단할 때도 공헌이익이 도움이 된다네. 100만 원짜리 광고 한 번에 매출이 200만 원 오른다고

예상될 때, 자네라면 광고를 진행하겠는가?

나: 그야 물론이죠. 광고비 이상으로 매출이 늘어나니까요.

파치올리: 먼저 공헌이익을 따져 봐야 한다네. 판매가 1만 원, 변동비 3,000원, 공헌이익 7,000원인 상품이 있다고 생각해 봄세. 변동비율이 고정이라는 가정하에 매출이 200만 원, 즉 판매량이 200개로 증가한다면 공헌이익은 140만 원이 되겠지. 그렇다면 광고비로 100만 원을 지출해도 이익이 40만 원 늘어난 셈이니 진행해도 되는 걸세.

파치올리가 노트에 그림을 그리면서 설명했다.

광고를 진행해도 될까? ①

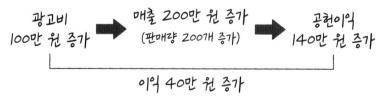

이익이 증가하므로 광고를 진행해도 좋다

파치올리: 반대로 판매가 1만 원, 변동비 7,000원, 공헌이익 3,000원인 상품이라면 판매량이 200개로 증가해도 공헌이익은 60만 원밖에 늘지 않는다네. 거기에 광고비로 100만 원을 지출하니까 이익은 마이너스 40만 원이지. 이런 경우에는 광고를 하지 않아야 한다네.

100만 원의 광고비를 들이더라도 매출이 200만 원 증가한다면 괜찮은 선택인 줄 알았는데, 공헌이익에 따라서 정반대의 결과가 나오다니 뜻밖이었다.

광고를 진행해도 될까? ②

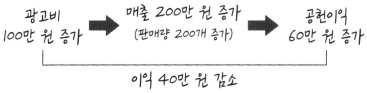

이익이 감소하므로 광고를 진행하지 않는다

파치올리 : 매출이 늘어났다고 해서 공헌이익의 존재를 잊어서는 안 되지. 하지만 모르는 사람이 의외로 많다네. 광고비를 들여 매출이 증가했는데도 이익이 감소하는 이유를 몰라 끙끙 앓는 경영자도 있으니까.

나 : 공헌이익은 손익계산서에도 없으니까 알 길이 없겠네요.

파치올리 : 그렇다네. 그럼 이쯤하고 고정비 이야기로 돌아가 볼까? 고정비를 줄인다면 판매량이 줄어도 이익을 확보할 수 있다네. 고정비는 의외로 돈이 새기 쉬운 부분이니까 하나씩 살펴보면 좋을 걸세.

나 : 우리 회사도 몇 년 새 접대비 규제가 엄격해졌습니다. 입사 초기 때만 해도 접대가 많았는데 지금은 손에 꼽을 정도니까요.

파치올리 : 모든 돈에는 비용이 들고 자본비용 이상으로 돈을 벌어야 하는 책임을 의식한다면, 쓸데없는 고정비 지출도 없을 테지. 회계 리터러시가 부족하니까 이곳저곳에서 돈이 새는 거라네.

　나도 회계 리터러시를 알기 전까지 씀씀이가 헤프다는 생각을 해본 적이 없었다.

나 : 그런 의식이 요즘 회사 전체에 침투했나 봅니다. 하지만 돈에 너무 벌벌 떠는 인생도 숨 막히지 않을까요?

파치올리 : 자린고비가 되라는 소리가 아닐세. 너무 인색하게 굴면 도리어 가치를 창조하지 못하고 이익도 낳지 못할 테니까. 요컨대 돈을 활

용하고 있느냐 그렇지 않느냐를 말하는 걸세. 과감하게 투자하고 쓸데없는 낭비를 줄이는 습관이 중요하다네.

③ 판매량 늘리기

파치올리 : 마지막으로 영업이익을 증가시키기 위한 세 번째 전략, 판매량 늘리기에 대해 알아보겠네. 판매가를 낮추면 판매량이 늘어나고, 광고선전비를 늘리면 판매량이 증가하듯이 세 가지 전략은 각각 얽혀 있지. 지금은 순수하게 판매량을 늘리는 방법만 생각해 보세나. 먼저 자네 생각부터 들어 볼까?

나 : 역시 신규 개척 아닐까요? 저도 매달 신규 거래처를 개척하는 데 집중하고 있거든요.

파치올리 : 신규 개척도 물론 중요하지만 기존 고객관리가 먼저지. 고객관리를 철저히 해서 단골을 확보하는 편이 신규 개척보다 훨씬 효율적[13]이라네. 신규 유치에는 따로 신뢰를 구축하기 위한 시간도 필요하니까.

K 과장님도 똑같은 말을 했다. 신규 개척은 기존 고객관리의 몇 배

---

13) 신규 고객 확보에 드는 비용은 기존 고객 유지 비용의 5배라고 한다.

나 되는 비용이 든다고 한다.

파치올리: 고객의 요구에 부응하는 가치를 창조하고, 고객의 행복을 중요시한다면, 안정적으로 매출에 기여하는 단골이 늘어날 테고 그들이 새로운 고객을 데려오겠지. 기존 고객을 소홀히 하고 신규 개척에만 집중한다면 어느 순간 신규 고객이 늘어나는 속도가 더뎌지고, 기존 고객마저 떠나갈 위험도 있다네.

나: 그것도 모르고 신규 개척에만 신경 썼네요.

파치올리: 물론 신규 고객 유치도 소홀히 해서는 안 되지. 고객을 찾아 나서야 한다네. 광고를 활용해서 새로운 고객을 끌어들이고, 흥미와 관심을 유발하면서 점차 신뢰를 쌓아 핵심고객[14]으로 만드는 걸세. 그 과정 설계 역시 중요하지. 아무리 좋은 상품이나 서비스라도 그것이 필요한 고객과 만나지 못하면 무슨 의미가 있겠는가. 고객의 욕구를 알아내어 가치를 창조하고 전달하는 과정을 마케팅[15]이라고 한다네.

나: 마케팅 지식도 필요하겠네요.

파치올리: 경영자의 필수지식이지. 회계 리터러시에 마케팅까지 익히면 더할 나위 없다네.

---

14) 기존 고객 중에서도 충성도가 높은 고객. 자사 제품 혹은 서비스를 반복해서 이용해 주므로 안정적인 수익을 기대할 수 있다.

15) marketing: 고객이 원하는 상품이나 서비스를 만들고 그 가치를 효과적으로 전달하기 위한 일련의 활동.

나도 회계 리터러시와 마케팅을 익혀서 회사 일을 하면서 투자도 하고 사업도 해 보고 싶다.

파치올리 : 마케팅 분야에는 훌륭한 선생이 많이 있으니 자신에게 맞는 선생을 찾아보게나. 하지만 회계 리터러시를 가르치는 사람은 찾기 어려울 걸세. 그러니까 회계의 아버지라 불리는 내가 직접 나온 게지.

또 자화자찬이 시작되었군. 하지만 회계의 영역을 뛰어넘어 삶의 지혜를 배울 수 있음에 감사할 따름이다.

'마케팅'이란?

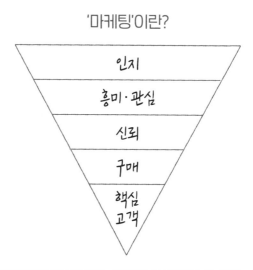

마케팅이란 핵심고객이 되도록 그 과정을 설계하는 일

돈을 불리는 최고의 비결

파치올리: 자네도 내게서 배운 내용을 실천해서 행복해지게나. 그게 내 바람일세.

　파치올리가 인자한 목소리로 말했다. 갑자기 분위기가 왜 이러지……?

나: 물론 실천하고 말고요! 그런데 갑자기 왜 그러시죠?

파치올리: 모순된 말처럼 들리겠지만 행복해지는 데 꼭 많은 돈이 필요한 것은 아닐세.

　파치올리가 나의 질문에는 대답하지 않고 말했다.

파치올리: 돈을 배로 쓴다고 해서 행복이 배가 되지도 않는다네. 프랑스 와인이 이탈리아 와인보다 값은 비싸지만, 맛이 더 훌륭하지는 않은 것처럼 말이야.

　와인에 관해서는 프랑스인의 의견도 들어 보고 싶지만, 나도 돈과 행복이 꼭 비례하지는 않는다고 생각한다.

파치올리 : 행복해지기 위해서는 행복 감수성이 필요하지. 행복 감수성이 높으면 그저 자연 속을 거닐기만 해도 행복하고, 굳이 돈을 쓰지 않아도, 심지어 아무것도 하지 않아도 행복을 느낄 수 있다네. 반대로 행복 감수성이 낮으면 아무리 돈을 써도 마음이 공허하지. 돈을 불리는 최고의 비결은 행복이라네.

나 : 돈을 불리는 비결이 행복이라니 정말 심오하네요.

파치올리 : 내가 괜히 수도사가 아닐세.

파치올리가 가슴에 달린 십자가를 자랑스러운 듯 가리켰다.

파치올리 : 마음이 사랑과 행복으로 가득 차 있으면 누군가의 행복을 바라게 되고, 가치 창조로 이어진다네. 사랑이 돈의 원천인 셈이지. 가치는 돈을 낳으니까 말일세.

나 : 정말 그렇군요. 새로운 시점을 배웠습니다.

파치올리 : 돈이 끊이지 않는 이들의 공통점은 사랑이라네. 아무리 잘나가도 사랑 없이는 오래 못 가지. 장사의 기본은 역시 사랑이야.

나 : 부자라고 하면 왠지 나쁜 사람 같은데 그렇지 않군요.

파치올리 : 대중매체의 영향도 크다네. 부자에 대한 부정적인 이미지를 심어서 돈을 모으는 일에 회의를 가지게끔 유도하는 거지.

어쩌면 나도 편견에 사로잡혀 있었는지도 모르겠다.

파치올리 : 돈을 버는 일은 신성하다네. 신뢰가 바탕이 되어야 하지. 옳지 않은 방법으로 돈을 번다고 해서 그게 언제까지 가겠는가?

나 : 듣고 보니 그렇네요. 부자가 나쁘다는 생각은 편견이었어요.

파치올리 : 돈을 부르는 비결은 사랑일세. 사랑으로 시작해 사랑으로 끝나지.

부자가 되는 비결이 행복과 사랑이라니 쉬운 듯 어렵다.

파치올리 : 자신을 사랑하고 내면이 꽉 차 있으면, 가치를 창조하고 돈을 낳는다네. 내면이 채워져 있다면 그렇게 많은 돈도 필요 없지. 그러니까 남은 돈을 누군가의 행복을 위해 쓰게 되고, 그렇게 활용한 돈이 또 돈을 낳는 선순환이 만들어지는 걸세.

나 : 하지만 내면을 채우기란 쉽지 않잖아요. 돈이 있어야 마음의 양식도 쌓을 텐데 돈이 없으면 살기 급급할 테고……, 결국 돈을 낳지 못하는 악순환에 빠지지 않을까요?

물론 내면을 채우는 일도 중요하다. 하지만 내면을 채우기 위해서는 돈이 필요하고 경제적으로 불안하면 내면을 돌아볼 여유조차 없지 않을까?

파치올리 : 그렇지 않다네. 돈이 있으면야 좋겠지만 돈이 없어도 방법은 있지. 필요한 것은 모두 내 안에 있다네.

나 : 추상적인 이야기네요. 상상도 잘 안 되고요.

파치올리 : 당장은 깨닫기 어렵겠지만 행복은 밖에 있는 게 아니라 자신의 내면에 있다는 말일세. 자네나 나는 물론 모든 사람이 하늘과 연결된 존재니까.

나 : 하늘과 연결된 존재…….

신기하게도 파치올리의 말에는 고개를 끄덕이게 만드는 힘이 있다.

나 : 회계학이 그렇게 장대한 이야기로 이어질 줄은 꿈에도 몰랐습니다.

파치올리 : 아주 심오하지. 그럼 오늘 설명했던 세 가지 전략에 대입해 볼까.

나 : 네? 이익을 증가시키기 위한 세 가지 전략 말씀인가요?

이 철학 같은 이야기가 이익 증가와 무슨 관련이 있다는 거지?

파치올리 : 그거 말고 다른 게 있는가? 먼저 공헌이익 늘리기, 즉 가치

를 높이는 전략인데 이것이 바로 사랑이지. 아까도 말했듯이 자신을 사랑하고 내면을 채우는 일이 누군가의 행복을 낳는 비결이니까.

나: 네, 거기까지는 알 것 같습니다.

파치올리: 내면이 채워진 상태에서는 헛돈을 쓰지 않아도 행복하니까 고정비가 줄어든다네.

나: 그렇겠군요. 낭비가 줄어들 테니까요.

파치올리: 뿐만 아니라 더 많은 이들에게 행복을 전하게 되지. 내가 행복하게 해 줄 수 있는 사람이 늘어난다는 말일세.

나: 그렇게 생각하면 자신을 사랑하고 내면을 채우는 일이 이익을 증가시키기 위한 세 가지 전략 모두와 연결되네요.

파치올리: 이제 알겠는가? 일도 인생도 마찬가지라네. 성공과 행복 모두 자신을 사랑하고 내면을 채우는 일에서부터 시작하지.

듣고 보니 파치올리의 말대로 모든 것이 연결되어 있다는 생각이 든다. 일이나 인생이나 중요한 점은 매한가지구나.

파치올리: 마지막으로 한 가지, 사랑이란 빛과 어둠의 통합이라네.

나: 빛과 어둠을 통합한다고요?

파치올리의 '마지막으로'라는 말이 마음에 걸렸지만, 그보다도 빛

부채와 자산 둘 다 필요하다

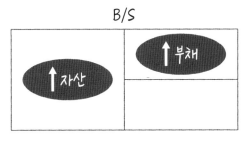

자산이 증가하면 부채가 증가한다
부채가 증가하면 자산이 증가한다

과 어둠의 통합이라는 처음 듣는 말이 더 신경 쓰였다.

파치올리 : 회계에서는 왼쪽과 오른쪽, 자산과 부채 둘 다 필요하다네. 자산이 증가하면 부채가 증가하고 부채가 증가하면 자산이 증가하지. 부채만 쏙 빼놓고 자산만 가질 수는 없다는 말일세.

나 : 정말 그렇네요. 차변과 대변 동시에 기록하는 게 회계니까요.

파치올리 : 그 원리와 마찬가지일세. 인간에게는 빛과 어둠이 공존하지. 음(陰)과 양(陽)처럼 말이야. 자신의 빛과 어둠을 통합하면 다른 이의 빛과 어둠도 받아들일 수 있다네. 알겠는가?

나 : 음……, 무슨 말씀인지는 알 것 같습니다.

파치올리 : 지금 당장 알 필요는 없다네. 다만 장차 자네가 리더가 되었

을 때 필요한 지혜지. 그 지혜가 회계 속에 담겨 있다는 사실을 잊지 말게나.

나: 알겠습니다. 회계는 정말 지혜의 보고군요.

파치올리: 거기까지 이해했다면 더 바랄 게 없네. 내가 할 일은 이제 끝난 것 같군.

나: 네?

나는 할 말을 잃었다. 잠깐, 벌써 끝이라고? 아직 배우고 싶은 게 남아 있는데……

파치올리: 이제부터 자네가 회계 리터러시를 많은 이들에게 전해 주게나.

나: 저, 잠깐만 기다려 주세요. 선생님께 더 배우고 싶습니다.

파치올리: 나도 슬슬 가 봐야 하네. 보름 동안 즐거웠네. 티라미수도 맛있었고.

나: 그런 말씀 마세요. 아직 마음의 준비가 안 됐다고요.

파치올리: 그런 말 말게. 자네는 이미 회계 리터러시의 기본을 익혔으니, 이제 배운 내용을 활용하는 일만 남았다네.

파치올리가 나에게 악수를 청했다.

파치올리 : 그동안 고마웠네. 즐거웠어.

나 : 가지 마세요.

눈물이 흘러넘쳐 파치올리의 얼굴이 잘 보이지 않는다.

파치올리 : 어린 애같이 왜 그러는가.

나 : 왜라니요, 선생님이 안 계시면 저는 이제 누구한테 회계 리터러시를 배우나요?

파치올리 : 이보게, 회계 리터러시는 내 전매특허가 아닐세.

파치올리가 웃으며 말했다.

파치올리 : 회계의 아버지라 불리는 나지만, 상인들이 만들고 개량해 온 복식부기를 책으로 정리했을 뿐이라네. 회계 리터러시도 마찬가지일세. 그저 활용법을 알려 주었을 뿐이지. 내가 없어도 자네는 회계의 지혜를 활용할 수 있을 걸세.

나는 파치올리에게서 뭐든 배우고 싶었다. 하지만 이제부터는 스스로 배우고 활용해야 한다.

나: 알겠습니다. 하지만 언젠가 또 뵙고 싶어요.

파치올리: 티라미수가 생각나면 찾아오겠네.

나: 네! 기다리겠습니다.

나는 눈물을 닦고 힘차게 대답했다.

파치올리: 그럼 잘 있게나. 고마웠네.

나: 저야말로 정말 감사했습니다.

나는 파치올리의 손을 힘껏 잡았다. 아무리 닦아내도 눈물이 흘러나온다. 슬픔의 눈물이 아닌 파치올리와 만난 기적에 대한 기쁨의 눈물이다.

나: 어?

파치올리의 모습은 어느샌가 사라졌다. 내 손에는 아직 그의 온기가 남아 있었다.

5장 포인트

제품의 판매가 설정, 가격 인하 범위, 광고비 투자 금액 등을 결정하기 위해서는 제품의 손익구조, 특히 공헌이익을 파악해야 합니다.

공헌이익은 상업부기의 범위 밖에 있는 개념이므로 회계 지식이 있더라도 생소한 경우가 많습니다.

하지만 제품을 영업하거나 사업을 할 때는 꼭 필요한 지식입니다. 공헌이익으로 생각하는 습관을 들이면 결코 어려운 내용이 아니니 부디 자사 제품이나 사업의 손익구조에 대입해 보시기 바랍니다.

아울러 이익을 증가시키기 위한 세 가지 전략인 공헌이익 늘리기, 고정비 줄이기, 판매량 늘리기도 함께 의식해 보면 좋겠습니다.

공헌이익을 늘리는 방법 가운데 특히 가치 창조의 시점이 중요합니다. 비즈니스의 본질은 가치를 창조하는 일입니다. 누구를 위한 어떤 가치를 창조할지, 가치를 어떻게 고객에게 전달해 돈으로 바꿀지를 항상 의식한다면 여러분의 일과 사업은 눈에 띄게 개선될 것입니다.

일이란 자신의 능력을 활용해 누군가를 위한 가치와 행복을 만드는 신성한 행위입니다.

비즈니스나 돈벌이라고 하면 부정적인 이미지가 떠오르기도 하지만, 이는 사람을 행복하게 만드는 가치를 창조하는 일입니다. 그 점을 늘 잊지 마시기 바랍니다.

파치올리가 말했듯이 이익을 증가시키기 위한 세 가지 접근은 인생과 일맥상통합니다.

자신을 사랑하고 내면을 채우며 하늘과의 연결을 상기하는 일은 삶의 밑바탕입니다. 그것이 곧 공헌이익을 늘리고 고정비를 줄이며 판매량을 높이는 세 가지 전략과도 연결됩니다. 그리고 사랑이란 음양의 통합이자 대변과 차변이 조화를 이루는 회계의 원리와도 이어집니다.

회계가 따분하고 딱딱한 학문이라 생각했던 여러분에게 파치올리와의 대화가 회계의 심오함과 아름다움을 느끼는 데 조금이나마 도움이 되었다면 기쁘겠습니다.

5장 정리 노트

① 부업
- 영혼이 기뻐하는 일을 하라!
- 머리로만 생각하지 말고 직접 시도하라.
- 수입원이 여러 개 있으면 과감한 도전이 가능하다.

② 이익을 늘리는 세 가지 접근
(1) 공헌이익 늘리기 → '가치(고객의 행복)'를 창조하라.
(2) 고정비 줄이기 → 낭비를 없애라.
(3) 판매량 늘리기 → 기존 고객관리와 마케팅

③ 파치올리의 메시지
- 행복 감수성을 높여라.
- 돈을 불리는 최고의 비결은 행복
- 부자에 대한 부정적인 편견을 버려라.
- 돈을 부르는 비결은 사랑

- 필요한 것은 모두 내 안에 있다.
- 누구나 하늘과 연결된 존재
- 사랑이란 빛과 어둠의 통합이다.

에필로그

파치올리가 사라진 지 1년이 지났다.

그 후로 돈에 드는 비용, 자본비용 이상으로 돈을 벌어야 할 책임, 다른 사람의 힘을 이용한 레버리지 활용, 돈의 회전 속도를 높이기 위한 시간 축, 손익구조 이해와 가치 창조를 항상 의식하며 지냈다.

업무에 임하는 자세가 달라졌고 생산성이 향상되면서 월간 MVP를 3번이나 달성했다. 그 사이 리볼빙도 완납하고 수입의 3개월 치를 저축했으며 적립식 투자, IRP, 주식투자도 시작했다. 부동산투자에 관한 공부에도 재미를 붙여서 매물도 몇 군데 보러 다녔다. 공부한 보람이 있어 부동산 업자가 권하는 매물을 나름대로 판단하는 안목도 생겼다.

인적자본 B/S에 쓰인 이름도 점점 늘어났다. 회사 안팎으로 나에게 힘을 빌려주는 든든한 네트워크가 생겼다. 도움을 주는 이들에게 감사하게 되었고 자신을 사랑하게 되었다. 내면이 만족스러우니 낭비도 줄어 돈도 자연스레 모이기 시작했다.

내가 이렇게 행복하고 충실한 삶을 살게 되리라고는 1년 전까지만 해도 상상도 못 했다.

그리고 직장 후배 H에게 알려 주었던 회계 리터러시가 입소문을 타고 퍼져 사내 스터디로 이어졌다. 반년 뒤에는 회사 밖에서 회계 리터러시 강연을 부업으로 시작했다. 설마 회계 리터러시를 가르치는 일로 돈을 벌게 될 줄은 꿈에도 몰랐지만, 대학 친구 M과 S도 힘을 보태 주었고 응원해 주시던 K 과장님도 특별 강사로 초빙했다. 당연히 과장님의 강사료는 챙겨드리고 있다.

마케팅 공부도 시작했다. SNS로 강연을 홍보했더니 회계의 지혜를 인생에 활용한다는 시점이 신선했는지, 신규 수강생이 3명이나 모였고 회를 거듭할수록 그 숫자가 늘었다.

강연을 통해 많은 이들이 회계가 재미없다며 멀리하고, 회계 리터러시를 모른 채 돈에 휘둘리고 있다는 사실을 알았다. 강연을 계기로 마치 새 삶을 살게 된 듯한 수강생들을 보면 기쁘기 그지없다. 회계 리터러시를 전하는 일이 내 천직인지도 모르겠다.

여자친구도 새로 생겼다. 강연을 들으러 왔던 한 살 연하의 여성이다. 전에 사귀던 남자는 씀씀이가 헤퍼서 카드론까지 손을 댔다가 내 강연을 듣고 현실을 깨달았다고 한다. 곧바로 그와 헤어진 그녀는 몇 개월 뒤 나와 사귀게 되었다.

여자친구: 자기가 내 인생을 구했어. 하마터면 빚더미에 앉았을 뻔했어.

나: 조금만 늦었으면 위험했지.

여자친구: 나랑 한 살 차이밖에 안 나는데 어쩜 그렇게 야무져? 회계를 인생의 지혜로 삼다니 정말 대단해.

여자친구의 칭찬에 선뜻 기뻐할 수 없었다. 모두 파치올리가 가르쳐 준 대로 했을 뿐이니까. 게다가 나의 스승은 르네상스 시대 인물이다.

여자친구: 도대체 회계 리터러시는 어디서 배운 거야? 선생님이라도 있어? 아니면 책?

큰일이네. 뭐라고 설명해야 좋을까.

나: 응, 어떤 선생님께 배웠는데 이미 돌아가셨어.
여자친구: 그럼 강연으로 선생님의 뜻을 이어가고 있는 거네.

그렇다. 나는 파치올리의 뜻을 이어받아 현명하게 돈을 활용하고 행복하게 살 수 있는 지혜를 전파하고 있다. 어쩌면 나의 사명인지도 모르겠다.

여자친구: 자기와 만난 건 정말 행운이야.
나: 고마워. 나도 그래.

결혼은 강연 사업과 투자를 통해 안정적인 불로소득을 만들고 난 후의 일이다. 나에게 만일의 상황이 생겨도 가족을 지킬 수 있을 만큼의 기반이 필요하다. 그런 다음에 청혼해야겠다고 마음먹었다.

파치올리 : 좋은 자세야. 기특하구먼.

문득 파치올리의 목소리가 들린 듯했다. 분명 어딘가에서 나를 지켜보고 있을 테지.

나 : 파치올리 선생님, 감사합니다.

나는 마음속으로 감사를 전했다.

마치며

이 책은 회계 지식이 아니라 회계의 지혜를 인생에 활용하는 방법, 회계 리터러시를 전하는 책입니다.

회계 리터러시는 제가 만든 말입니다. 요즘 금융 리터러시나 미디어 리터러시와 같은 용어가 자주 쓰이고 있습니다. 단순히 지식을 늘리기보다도 지식을 활용할 줄 알아야 한다는 인식이 널리 퍼진 듯합니다. 마찬가지로 회계도 지식에 그치지 않고 지식을 활용해, 행복한 인생을 사는 데 도움이 되어야 합니다. 그 사실을 여러분에게 쉽게 전달하고자 전작 『행복을 파는 회사』처럼 이야기로 꾸몄습니다.

이 책의 주인공인 회계의 아버지 루카 파치올리는 1494년, 세계 최초로 복식부기를 체계화한 이탈리아의 수학자이자 수도사입니다.

고등학생 시절, '세상을 바꾸는 것은 비즈니스'라는 확신으로 상학부에 진학했던 저는 두뇌가 비상한 친구를 만나 좌절을 맛봤습니다. 천재의 적수가 안 된다면 전문지식을 익혀야겠다는 조금 불순한 동기로 공인회계사 공부를 시작했습니다.

회계를 처음 만났을 때 그 아름다운 체계에 감동했고, 복식부기를 창조한 루카 파치올리가 정말 대단하다고 생각했습니다.

실제로는 상인들 사이에서 쓰이며 개량을 거듭하던 복식부기를 루카 파치올리가 체계적으로 정리한 것이라고 합니다. 루카 파치올리가 선인들의 지혜를 후세에 남겼듯이, 회계를 공부하고 활용하는 우리도 루카 파치올리와 선인들이 남긴 뜻을 이어받았다고 할 수 있겠지요.

아무튼, 르네상스 시대인 1494년에 학술적으로 확립된 회계학이 500년 넘게 흐르도록 변함없이 쓰이는 것만 봐도 시대의 변화를 뛰어넘는 학문이라 부를 만합니다.

딱딱한 설명 탓에 부기를 멀리하셨던 분들도 이 책을 통해 조금이나마 회계의 심오함과 아름다움을 느끼셨다면 기쁘겠습니다.

사실 이 책의 주인공은 저의 과거이기도 합니다.

만 25살 때 출간한 『유쾌한 회계상식』은 2020년 현재 일본에서 가장 많이 팔린 회계 입문서로 꼽힙니다. 회계 지식이라면 자신 있었지만, 그 지식을 인생에 활용하지는 못했습니다.

내로라하는 증권회사와 외국계 기업에서 M&A, 컨설팅 업무에 11년간 몸담았던 경험을 바탕으로 2008년 말, '사람을 행복하게 하는 회사를 만들자'라는 이념을 내걸고 회사를 차렸습니다. 하지만 창업한 뒤로는 그야말로 파란만장한 인생이 기다리고 있었습니다.

창업 후 3년 정도는 승승장구했지만, 직장에 다니던 때보다 몇 배나 되는 수입이 생기자 경제 관념이 사라졌습니다. 급기야 야경이 멋진 고층 빌딩에 사무실을 차리는 등 엉뚱한 곳에 돈을 낭비하기 시작했습니다.

2011년, 어느 열정 넘치는 젊은이가 일을 시켜 달라며 찾아왔습니다. 당시 경영 컨설팅과 경영자를 대상으로 한 학원이 주요 사업이었기 때문에 따로 사원을 둘 필요가 없었지만, '사람을 행복하게 하는 회사'를 만들고자 컨설팅을 업으로 삼은 이상, 사원을 고용하고 행복하게 해야 한다는 사명감에 그를 채용했고, 그 후로도 연달아 3명의 사원을 뽑았습니다.

사원들에게 맡길 일은 없었지만 저의 일을 줄여서라도 그들과 대화를 나누며 교육하는 데 시간을 쏟았습니다. 사원이 낸 아이디어로 새로운 사업을 일으켰지만 뜻대로 되지 않았고, 회사 자금은 점점 바닥을 드러냈습니다.

자금이 동나자 대출을 거듭해서 받은데다, 급기야 개인 카드로 돈을 빌려 사원의 월급을 주는 어리석은 행동까지 저질렀습니다. 본문에서 파치올리가 '악마의 상술'이라고 불렀던 고금리 카드론 말입니다.

입문서를 출간할 정도로 회계 지식을 자부하던 제가 정작 지식을 활용하지 못하고 돈에 휘둘리는 쓰라린 경험을 한 것입니다.

그 후 어쩌다가 이런 상태에 빠졌는지를 냉정히 분석한 결과, 회계 지식을 활용하지 않았다는 사실을 깨달았습니다. 회계 지식을 바탕으로 사고방식과 돈 쓰는 방법을 바로잡음으로써 인생을 크게 변화시키는 데 성공했습니다.

이제는 몇 가지 사업을 운영하는 한편 투자도 하고, 회계의 지혜를 전파하는 강좌를 열어 수강생들의 인생을 좋은 방향으로 바꾸는 데 일조하고 있습니다.

이 책에서 자세히 다루지 않았지만 회계 리터러시, 마케팅과 더불어 가장 중요한 일은 자신을 사랑하고 내면을 채우며 하늘과 연결된 존재라는 사실을 자각해 음양을 통합하는 것입니다.

관심 있으신 분은 저서 『당신을 행복하게 하는 회사』, 『우주와 함께 일하는 법(宇宙とつながる働き方)』, 『우주를 느끼며 일하자(宇宙を感じて仕事をしよう)』 등을 참고해 주시면 기쁘겠습니다.

마지막으로 전작에 이어 많은 도움을 주신 일본실업출판사 마에카와 겐스케 씨를 비롯해 출간에 힘써 주신 여러분, 일을 통해 소중한 지혜를 일깨워 주시는 고객사와 협력사 여러분, 그리고 언제나 따뜻하게 지켜봐 주는 가족에게 진심으로 감사를 전합니다.

2020년 2월

아마노 아쓰시